콩나물쌤과 함께하는
문해력 속담왕(사람편)

초판 1쇄 인쇄 2024년 7월 18일
초판 1쇄 발행 2024년 7월 24일

지은이 전병규
그림 정서용
펴낸이 이범상
펴낸곳 (주)비전비엔피 · 그린애플

책임 편집 김혜경
기획 편집 차재호 김승희 한윤지 박성아 신은정
디자인 김혜림 최원영 이민선
마케팅 이성호 이병준 문세희
전자책 김성화 김희정 안상희 김낙기
관리 이다정

주소 우) 04034 서울특별시 마포구 잔다리로7길 12 (서교동)
전화 02) 338-2411 | **팩스** 02) 338-2413
홈페이지 www.visionbp.co.kr
인스타그램 https://www.instagram.com/greenapple_vision
포스트 post.naver.com/visioncorea
이메일 gapple@visionbp.co.kr

등록번호 제2021-000029호

ISBN 979-11-92527-62-8 64700
       979-11-92527-36-9 (세트)

콩나물쌤과 함께하는

문해력 속담왕 사람편

헷, 믿는 도끼에
발등 찍힌다더니.

그린애플

추천사

속담에는 문화, 전통, 지혜, 교훈, 재치, 그리고 언어 감각이 모두 담겨 있다. 그래서 초등학생 때 속담을 제대로 알아야 할 필요가 있다. 이 책은 단순히 속담을 알려 주는 데 그치지 않고, 가지고 놀게 만든다. 아이 스스로 생각하게 하고, 익숙한 만화로 의미를 이해시키고, 다른 표현으로 확장하며, 일상생활에 속담을 적용하게 하면서 언어능력을 자극한다. 한마디로 속담의 속까지 뒤집어 보여 주며 문해력을 높이는 프로그램이다.

_ **최나야**(서울대 아동가족학과 교수, 《초등 문해력을 키우는 엄마의 비밀》 저자)

학창 시절에 속담 목록을 보면서 재미없게 속담을 접한 기억이 납니다. 외워지지도 않았고 이해도 되지 않았으며 일단 그 속담 목록을 보기 싫었어요. 재미없었기 때문입니다. 그런데 이 책을 보고 놀랐습니다. 속담이 이렇게 재밌을 수 있는 것인가요? 재미는 아이들에게 최고의 동기 요인입니다. 속담을 재치 있는 그림과 만화로 표현하여 이해를 돕고, 이 책을 보고 싶게 만들어 줍니다. 단순히 재밌는 만화로 끝나는 것이 아니라 콩나물쌤의 상세한 설명과 나만의 예시를 직접 써 보면서 깊이 있는 이해를 더해 그 속담을 정말 '나의 것'으로 만들어 줍니다. 이 책은 비유가 가득한 말을 쉽게 이해할 수 있도록 하는 장치를 통해 글을 이해하고, 나아가 나의 삶과 연결해 보도록 돕고 있습니다. 재미, 유익함, 실용성, 유의미성, 이 네 박자가 갖춰진 책이 잘 없지만 이 책은 네 가지를 동시에 지니고 있습니다. 책을 읽어도 무슨 뜻인지 잘 모르는 아이, 글 읽기를 즐겨하지 않는 아이, 비유나 상징이 들어간 글을 어려워하는 아이, 조금 더 수준 높고 풍성한 문해력을 갖고 싶어 하는 아이 모두에게 추천해 드립니다.

_ **효린파파 성기홍**(EBS 영어 강사, 교사, 영어 교육크리에이터)

2007년 아이폰의 출시 이후 세상은 달라졌습니다. 전 세계인들이 고개를 숙여 스마트폰을 들여다보고 있습니다. 이 현상은 앞으로도 지속될 것으로 전망됩니다. 자녀들이 스마트폰을 접하게 되는 것은 피할 수 없는 숙명입니다. 하지만 여전히 학교와 사회에서는 문해력이 중요하게 작용하는 시험을 보고 있습니다. 스마트폰의 영향을 가볍게 생각하고 독서의 힘을 경시해서는 안 됩니다. 지금이라도 초등학교 교과서를 펼쳐서 아이들이 그 내용을 제대로 이해하고 있는지를 확인해 보세요. 학교에서 앞서가고 있는 것 같겠지만 교과서 내용을 완전히 이해하는 아이들은 한 반에 몇 명 없습니다.

미취학에서 초등까지 읽고 또 읽어야 합니다. 그리고 읽기의 핵심은 어휘, 그리고 글에 대한 이해입니다. 콩나물쌤이 쓴 이 책 한 권으로 두 마리 토끼를 모두 잡을 수 있습니다. 저는 개인적으로 선조들이 남긴 속담을 굉장히 좋아합니다. 저에게 속담은 아주 오래 전을 산 선조와의 대화 수단입니다. 속담의 의미를 생각해 보면 선조들도 나와 같은 고민을 했다는 생각을 하게 됩니다.

속담 공부를 통해서 많은 것을 배울 수 있을 것이라고 생각합니다. 어휘를 바탕으로 한 문해력은 물론이고, 옛 선조의 지혜를 배우면서 오늘을 슬기롭게 살아갈 수 있을 겁니다. 무엇보다 인성 교육이 많이 부족한 요즈음 속담의 의미를 새기는 아이들은 공감 능력을 바탕으로 우리 사회에 필요한 인재가 될 것이라 생각합니다. 이 책을 꾸준히 읽으며 부모와 자녀가 많은 대화를 나누고, 소중한 가치를 배우는 기회를 갖기 바랍니다. 아이들이 미래입니다.

_ 정승익(더불어함께 교육연구소 대표, 《어머니, 사교육을 줄이셔야 합니다》 저자)

문해력에 대한 초등 부모들의 고민이 커지고 있습니다. 글보다는 영상에 익숙한 아이들이 증가해서 문해력 부족 문제가 지속적으로 대두되고 있는 것이죠. 문해력이 부족하면 글을 잘 읽지 못하고 이해하지 못할 뿐만 아니라 말을 조리 있게 하지 못하는 상황까지 이어질 수 있죠. 그렇다면 문해력을 향상시키기 위한 방법은 없을까요? 이 책은 이 질문에 구체적인 해답을 주고 있습니다. 초등교육 전문가이자 문해력 전문가인 저자는 '속담'을 익히는 것에 주목합니다. 그도 그럴 것이 속담은 우리 선조들이 가진 삶의 지혜가 잘 녹아 있는 짧은 표현이기 때문이죠. 속담은 자신의 생각과 의견을 멋지게 표현할 수 있는 유용한 도구이기도 합니다. 저자는 단순히 속담을 학습하라고 알려 주는 것에서 더 나아가 속담을 좀 더 잘 익힐 수 있도록 친절한 가이드까지 제시합니다. 기존에 속담을 주제로 한 책들이 만화나 이야기로 접근했다면 이 책은 속담에 들어있는 비유를 적용해 좀 더 쉽게 이해할 수 있도록 도와줍니다. 문해력, 어휘력을 재미있고 유익하게 익히고 싶은 분들께 이 책을 추천합니다.

_ 방종임(유튜브 교육채널 '교육대기자TV' 운영자, 《자녀교육 절대공식》 저자)

비유를 이해해야 문해력 속담왕!

안녕!! 여러분~ 저는 콩나물쌤이에요. 《콩나물쌤과 함께하는 문해력 속담왕(사람편)》에 오신 것을 환영해요. 여러분은 속담이 무엇인지 알고 있나요? 속담은 우리 선조들의 삶의 지혜가 녹아 있는 짧은 표현을 뜻해요. 속담은 오래된 이야기지만 여전히 중요해요. 무려 4천 년도 더 된 속담도 여전히 우리 삶에 적용되기 때문이죠. 인간의 삶에는 아무리 많은 시간이 지나도 변하지 않는 것들이 있답니다. 우리가 속담을 배워야 하는 이유를 좀 더 자세히 살펴볼까요?

첫째, 살면서 나쁜 일을 덜 겪을 수 있어요. 예를 들어 '고래 싸움에 새우 등 터진다'는 속담을 알면 쓸데없이 남의 다툼에 끼어 손해 입는 일이 적어요. 또 '바늘 도둑이 소도둑 된다'는 속담을 알면 작은 잘못을 가볍게 여겨 더 큰 잘못을 저지르는 일이 적겠죠.

둘째, 자기의 생각과 의견을 쉽고 멋지게 표현할 수 있어요. 자기가 아는 것이 전부라고 생각하는 친구에게는 '우물 안의 개구리', 약한 친구를 괴롭히는 아이에게는 '지렁이도 밟으면 꿈틀한다'라고 말해 주세요. 길고 복잡하게 말하지 않아도 여러분의 생각을 명확히 표현할 수 있답니다.

셋째, 문화를 깊이 이해할 수 있어요. 속담에는 사람들이 살면서 자주 하는 행동과 실수, 흔히 볼 수 있는 동물과 사물 등 그 사회의 문화가 고스란히 녹아 있어요. 예를 들어 우리 속담에는 소가 자주 나오는 반면 태국 속담에는 코끼리가 자주 나와요. 속담에 나오는 외양간, 우물, 솥뚜껑, 숭늉, 등불, 선무당 같은 단어들은 모두 우리 문화를 잘 보여 주고 있어요.

속담은 어떻게 배우느냐가 정말 중요해요. 속담을 배울 때는 단순히 뜻을 외워서는 안 돼요. 그래서 재미있는 만화나 이야기만으로는 속담을 제대로 알 수 없답니다. 속담은 그 의미를 깊이 이해하는 것이 아주 중요하답니다. 그러기 위해서는 속담에 담긴 비유를 이해해야 해요.

비유란 설명하려는 것을 비슷한 성질을 가진 다른 것에 빗대어 설명하는 방법이에요. 예를 들어 '아빠는 포크레인처럼 힘차게 땅을 팠다'는 땅을 파는 아빠의 힘찬 모습을 포크레인에 비유한 표현이에요. 아빠를 포크레인에 비유함으로써 아빠의 강한 힘을 강조하고 있어요.

속담은 비유의 덩어리예요. 모든 속담은 비유이고 속담 속 모든 표현 역시 비유예요. '우물 안 개구리'에서 우물은 우물이 아니고 개구리는 개구리가 아니에요. 우물은 보고 들은 것이 별로 없는 상황을, 개구리는 어리석은 사람을 뜻해요. 마찬가지로 '바늘 도둑이 소도둑 된다'에서 바늘 도둑과 소도둑 역시 실제 바늘 도둑과 소도둑을 뜻하지 않아요. 바늘 도둑은 작은 나쁜 짓을, 소도둑은 큰 나쁜 짓을 뜻해요. 그렇기 때문에 비유를 이해하지 못한 채 속담을 배운다면 배워도 배운 것이 아니랍니다. 그래서 그동안 재미있는 속담책을 읽고 나서도 속담의 뜻은 잘 몰랐던 거예요.

속담을 통해 비유를 이해하고 나면 학교 공부에도 큰 도움이 돼요. 비유를 이해하는 힘이 커지면 지식을 이해하는 힘이 커지기 때문이에요. 왜 그럴까요? 사람은 새로운 것을 배울 때 늘 자신이 이미 알고 있는 것과 비교하면서 배워요. 예를 들어 얼룩말은 얼룩 + 말이며 곱셈은 덧셈의 반복이라는 식으로 이해하게 되죠. 그래서 공부를 잘하려면 내가 이미 알고 있는 것과 새로 배우는 것 사이의 관련성을 이해하는 것이 중요해요.

비유는 하나와 다른 하나를 연결하는 표현이에요. 비유를 잘 이해하는 아이는 새로 배우는 지식을 이미 자신이 알고 있는 지식과 잘 연결할 줄 알아요. 그래서 속담을 통해 비유를 이해하면 학교 공부에 도움이 되는 거예요. 선생님의 설명을 들을 때 비유라는 생각의 도구로 남들보다 더 쉽게 이해할 수 있는 거죠. 교과서를 읽거나 지식책을 읽을 때도 마찬가지고요.

그러기 위해서는 속담을 배울 때 반드시 비유에 대해 생각해야 해요. 그래야 비유를 이해하는 힘이 커지고 공부하는 힘도 커진답니다. 단순히 웃긴 만화로 속담을 접하면 이런 힘이 잘 길러지지 않아요. 이것이 바로 이 책을 통해 속담을 공부해야 하는 이유랍니다. 이 책을 통해 속담을 제대로 공부해 보세요. 옛사람들의 지혜를 익히고 자신의 생각을 멋지게 표현할 수 있게 돼요. 또 우리 문화와 세계 여러 나라의 문화도 알게 되죠. 그 과정에서 비유를 이해하는 힘이 커지면서 성적도 쑥쑥 오를 겁니다.

자, 그럼 이제 문해력 속담왕이 되기 위한 여행을 떠나볼까요? 출발!!

여러분의 문해력을 쑥쑥 키워 줄
콩나물쌤으로부터

이 책의 활용법

첫 번째 페이지

오늘 배울 속담과 이를 재미있게 표현한 만화가 있어요. 만화는 속담을 최대한 있는 그대로 표현했어요. 무슨 말인지 이해하기 어려운 속담도 만화를 보고 나면 한 번에 이해될 거예요. 다음 단계를 따라가며 학습해 보세요.

1단계 | 재미있게 만화 보기
처음에는 그냥 가벼운 마음으로 만화를 즐겨 보세요. 귀여운 그림체, 우스꽝스러운 상황과 대사 덕분에 신나게 웃을 수 있을 거예요.

2단계 | 소리 내어 속담 읽어 보기
만화를 다 보았다면 만화 위에 있는 속담을 읽어 보세요. 3번 정도 소리 내어 읽어 보면 더 잘 기억할 수 있을 거예요.

3단계 | 속담이 뜻하는 상황 생각하기
속담은 어떤 상황을 표현하고 있을까요? 만화와 연결해서 생각해 보세요.

속담에는 크게 두 가지 뜻이 있어요. 하나는 겉에서 그대로 보이는 뜻이고 다른 하나는 숨어 있는 진짜 뜻이에요. 어휘력 꽉 잡아에서는 겉으로 드러난 뜻을 살펴보고 추론력 꽉 잡아에서는 숨은 뜻을 살펴봅니다. 다음 단계를 따라가며 학습해 보세요.

어휘력 꽉 잡아

1단계 | 단어 뜻 이해하기

속담에 사용된 단어의 뜻을 살펴봅시다. 그림을 보고 단어와 단어에 담긴 뜻을 소리 내어 읽어 보세요.

2단계 | 속담의 보이는 뜻 생각하기

단어의 뜻을 연결하여 속담의 보이는 뜻을 살펴봅시다. 읽고 무슨 뜻인지 말하면서 설명해 보세요.

추론력 꽉 잡아

1단계 | 단어 속에 숨은 뜻 이해하기

속담 속 단어에는 원래 뜻 이외에도 이 속담에서만 가지는 숨은 뜻이 있어요. 예를 들어 올챙이의 원래 뜻은 개구리의 어린 시절이지만 이 속담에서는 형편이 어렵던 시절을 뜻하죠. 이런 식으로 단어의 숨은 뜻이 무엇인지 그림과 함께 살펴보세요.

2단계 | 속담 속에 숨은 뜻 생각하기

단어가 원래 뜻이 아닌 새로운 뜻으로 쓰였다면 속담도 다른 뜻을 가지겠죠? 단어의 숨은 뜻을 연결하여 속담 속에 숨은 뜻을 생각해 보세요.

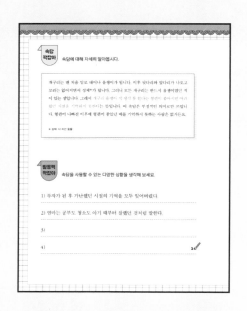

세 번째 페이지

속담 꽉 잡아에서는 속담에 대해 자세히 알아봅니다. 속담에 숨은 뜻이 여러분의 생각과 같은지 확인해 보세요. 활용력 꽉 잡아에서는 속담을 사용할 수 있는 다양한 상황에 대해 생각해 봅니다. 다음 단계를 따라가며 학습해 보세요.

속담 꽉 잡아

1단계 | 읽기

속담에 대해 자세히 설명한 글이 있습니다. 차분히 읽어 보세요.

2단계 | 설명하기

방금 읽은 내용이 어떤 내용이었는지 책을 보면서 설명해 보세요.

3단계 | 안 보고 설명하기

정말 잘 읽고 잘 이해했다는 자신감이 있나요? 그렇다면 책을 덮은 후 읽은 내용을 설명해 보세요. 혹시 어렵다면 잠깐 펼쳐서 본 후 다시 덮고 설명하면 됩니다.

1단계 | 읽기

속담을 사용할 수 있는 상황 2가지를 읽어 봅니다. 왜 이 상황에서 오늘 배운 속담을 사용할 수 있는지 생각해 보세요.

2단계 | 새로운 상황 쓰기

오늘 배운 속담을 사용할 수 있는 상황 두 가지를 써 보세요. 여러분이 직접 겪은 일도 좋고 상상한 일도 좋아요. 다른 사람이 겪은 일이나 다른 사람이라고 생각하고 써도 좋아요.

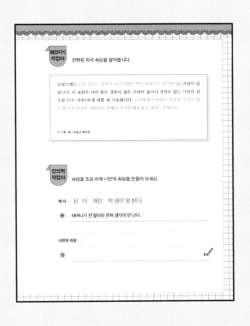

네 번째 페이지

배경지식 꽉 잡아에서는 오늘 배운 속담과 관련된 외국 속담을 알아봅니다. 배경지식도 쌓고 다양한 관점도 배우게 될 거예요. 창의력 꽉 잡아에서는 오늘의 속담을 살짝 바꾸어 여러분만의 속담을 만들어 보세요. 속담을 더 자세히 들여다보고 새로운 각도로 바라볼 수 있게 될 거예요.

배경지식 꽉 잡아

1단계 | 읽기

오늘 배운 속담과 관련된 외국 속담과 이에 대한 자세한 설명문이 있어요. 제시된 글을 차분히 읽어 보세요.

2단계 | 비교하기

우리 속담과 외국 속담을 서로 비교해 보세요. 어떤 점이 같고 어떤 점이 다른가요? 유사한 상황을 서로 어떻게 받아들이고 있는지 살펴보면 더욱 재미있습니다.

창의력 꽉 잡아

1단계 | 읽기

오늘의 속담을 살짝 바꿔 만든 새로운 속담을 읽어 보세요. 어디를 어떻게 바꾸었는지 그래서 어떤 뜻이 되었는지 살펴보세요.

2단계 | 나만의 속담 쓰기

오늘의 속담 중 일부를 바꾸어 나만의 속담을 써 보세요. 원래 속담을 찾아볼 수 없을 정도로 전체를 다 바꾸면 안 돼요. 일부는 남겨 놓고 일부만 바꾸도록 하세요. 예를 들어 개구리 올챙이 적 생각 못 한다에서는 '적 생각 못 한다'는 남겨 놓고 개구리와 올챙이만 다른 걸로 바꿀 수 있어요. 반대로 개구리와 올챙이만 남겨 놓고 '적 생각 못한다'를 다른 것으로 바꿀 수도 있어요.

차례

1주차

가까운 이웃이 먼 친척보다 낫다

어휘력 꽉잡아 속담에서 보이는 뜻을 생각해 보세요.

이웃은 가까이 사는 사람이라는 뜻입니다.

낫다는 더 좋다는 뜻입니다.

↓ ↙

보이는 뜻 '가까이 사는 이웃이 멀리 사는 친척보다 더 좋다' 입니다.

추론력 꽉잡아 속담 속에 숨은 뜻을 생각해 보세요.

가까이 사는 이웃은
가까운 곳에 사는 남을 뜻합니다.

먼 친척은 멀리 사는 친척을 뜻합니다.

↓ ↙

숨은 뜻 입니다.

21

속담 꽉잡아 · 속담에 대해 자세히 알아봅시다.

친적은 우리와 가장 가까운 사람입니다. 하지만 멀리 떨어져 산다면 도움을 줄 방법이 없죠. 실제로 도움을 줄 수 있는 사람은 가까이 살고 있는 사람들입니다. 그래서 가까운 이웃이 먼 친척보다 낫다는 가까운 곳에 사는 남이 멀리 사는 혈연★보다 더 도움이 된다는 뜻입니다. 이웃들과 사이좋게 지내야 함을 말할 때 자주 사용됩니다.

★ 혈연: 같은 핏줄에 의해 연결된 인연

 활용력 꽉잡아 · 속담을 사용할 수 있는 다양한 상황을 생각해 보세요.

1. 짝이 연필을 빌려주었을 때
----

2. 옆집 아줌마가 저녁밥을 챙겨 주었을 때

3.

4.

배경지식 꽉잡아 관련된 외국 속담을 알아봅시다.

이스라엘에는 이웃에 대해 알아본 후 집을 사라는 속담이 있습니다. 사람은 사회적★ 동물로 늘 다른 이와 관계를 맺으며 살아갑니다. 그래서 좋은 이웃이 중요합니다. 좋은 이웃과 살면 좋은 일이 많아지고 나쁜 이웃과 살면 나쁜 일이 많아지기 때문입니다. 그래서 이 속담은 좋은 이웃이 있는 곳에 살아야 한다는 의미입니다.

★ 사회적: 사회에 관계되거나 사회성을 지닌 것

창의력 꽉잡아 속담을 조금 바꿔 나만의 속담을 만들어 보세요.

예시 가까운 │ 과자 │ 가 │ 먼 과일 │ 보다 낫다.

뜻 멀리 있는 음식보다 가까이 있는 음식이 먹기에 편하다.

나만의 속담

뜻

간에 붙었다
쓸개에 붙었다 한다

어휘력 꽉잡아 속담에서 보이는 뜻을 생각해 보세요.

간은 우리 몸에서
영양분을 처리하는 장기**입니다.**

쓸개는 지방의 소화를 돕는 장기**입니다.**

 보이는 뜻

'간이라는 장기에 붙었다가
쓸개라는 장기에 붙었다가 한다' **입니다.**

 추론력 꽉잡아 속담 속에 숨은 뜻을 생각해 보세요.

간에 붙었다는 이쪽에 붙었다는 뜻입니다.

쓸개에 붙었다는 저쪽에 붙었다는 뜻입니다.

숨은 뜻

입니다.

속담 꽉잡아 속담에 대해 자세히 알아봅시다.

간에 붙었다 쓸개에 붙었다 한다는 이쪽에 붙었다가 저쪽에 붙었다 하면서 간사하게★ 자기 이익만 챙기려는 모습을 비판하는 속담이에요. 물론 이익도 중요하지만 사람에게는 의리가 있어야 해요. 다른 이에 대한 의리 없이 이익만 좇다 보면 모든 사람에게서 미움을 받게 된답니다.

★ 간사하다: 자기의 이익을 위하여 나쁜 꾀를 부리는 등 마음이 바르지 않다

 활용력 꽉잡아 속담을 사용할 수 있는 다양한 상황을 생각해 보세요.

1. 친구가 선물에 눈이 멀어 나를 배신할 때
----

2. 동생이 이기고 있는 팀으로 응원하는 팀을 바꿀 때

3.

4.

배경지식 꽉잡아

관련된 외국 속담을 알아봅시다.

스페인에는 간을 치료하는 것이 비장을 해친다는 속담이 있습니다. 이 속담은 하나를 위한 일이 다른 일을 망칠 수 있다는 의미입니다. 비장은 세균을 걸러 주는 역할 등을 하는 우리 몸 속 장기 중 하나입니다. 간을 치료하려던 일이 비장을 해치는 것처럼 내가 하려는 어떤 일이 다른 일에 악영향★을 주지는 않는지 잘 생각해 보아야 하겠습니다.

★ 악영향: 나쁜 영향

창의력 꽉잡아

속담을 조금 바꿔 나만의 속담을 만들어 보세요.

예시 | 천장 | 에 붙었다 | 벽 | 에 붙었다 한다.

뜻 모기가 잽싸게 도망다녀 잡기가 힘들다.

나만의 속담

뜻

긁어 부스럼

어휘력 꽉잡아 속담에서 보이는 뜻을 생각해 보세요.

긁어는 손톱이나 뾰족한 기구 따위로 문질러라는 뜻입니다.

부스럼은 피부에 나는 종기입니다.

보이는 뜻

'손톱으로 긁어 종기를 더 심하게 만든다' **입니다.**

 추론력 꽉잡아 속담 속에 숨은 뜻을 생각해 보세요.

긁어는 괜히 건드려서라는 뜻입니다.

부스럼은
문제를 더 심각하게 만든다는 뜻입니다.

숨은 뜻

입니다.

속담 꽉잡아 속담에 대해 자세히 알아봅시다.

부스럼은 피부에 생긴 종기로 대부분 가만히 내버려두면 저절로 사라집니다. 그런데 만약 간지럽다고 가만히 두지 않고 긁으면 어떻게 될까요? 부스럼이 점점 더 커지고 상태가 나빠집니다. 심하면 병원에 가야 할 수도 있죠. 그래서 긁어 부스럼은 가만히 두면 사라질 일을 괜히 건드려서 문제를 악화★시킨다는 뜻입니다.

★ 악화: 일의 형세가 나쁜 쪽으로 바뀜

활용력 꽉잡아 속담을 사용할 수 있는 다양한 상황을 생각해 보세요.

1. 화난 형을 자꾸 놀려서 결국 한 대 얻어 맞았을 때
_____

2. 예전의 안 좋았던 일을 괜히 꺼내서 서로 다툴 때
_____

3.
_____

4.
_____

관련된 외국 속담을 알아봅시다.

영국에는 자고 있는 개는 내버려두어라는 속담이 있습니다. 자주 소리 내어 짖는 개가 깨면 주변은 금세 시끄러워집니다. 그래서 이 속담은 긁어 부스럼과 마찬가지로 괜히 갈등을 일으킬 문제를 언급★하지 말라는 의미입니다. 예를 들어 여행 때문에 감정이 상한 두 사람이 있다면 여행에 대한 이야기는 꺼내지 말라고 할 때 사용할 수 있습니다.

★ 언급: 어떤 문제에 대하여 말함

창의력
꽉잡아

속담을 조금 바꿔 나만의 속담을 만들어 보세요.

예시 긁어 | 복권 당첨 |

뜻 어떤 일들은 가만히 두면 안 되고 무엇이든 해야 한다.
- -

나만의 속담

뜻
- -

남의 잔치에
감 놓아라 배 놓아라 한다

어휘력 꽉잡아 | 속담에서 보이는 뜻을 생각해 보세요.

남의 잔치는
다른 이가 주인공인 잔치라는 뜻입니다.

감 놔라는
감을 준비하라고 참견한다는 뜻입니다.

 보이는 뜻

'다른 이가 주인공인 잔치에
감, 배를 준비하라고 참견한다' 입니다.

 추론력 꽉잡아 | 속담 속에 숨은 뜻을 생각해 보세요.

남의 잔치는 자기와 상관없는
남의 일이라는 뜻입니다.

감 놔라 배 놔라는 이래라저래라
참견한다는 뜻입니다.

숨은 뜻

입니다.

속담 꽉잡아 속담에 대해 자세히 알아봅시다.

잔치에는 주인공이 있습니다. 생일잔치면 생일인 사람이, 결혼식이면 결혼하는 사람이 주인공입니다. 잔치에 초대받은 사람은 손님으로서 주인공이 준비한 잔치를 감사한 마음으로 즐기면 됩니다. 만약 손님이 잔치에 대해 이러쿵저러쿵 말이 많다면 이는 주제넘은 행동이죠. 그래서 남의 잔치에 감 놔라 배 놔라 한다는 남의 일에 주제넘게★ 참견한다는 뜻입니다.

★ 주제넘다: 말이나 행동이 건방져 분수에 지나친 데가 있다

활용력 꽉잡아 속담을 사용할 수 있는 다양한 상황을 생각해 보세요.

1. 옆 반 학예회에 가서 이것저것 참견할 때

----

2. 미술 대회에 참가하는 언니의 작품을 보고 이것저것 잔소리를 할 때

3.

4.

배경지식 꽉잡아 관련된 외국 속담을 알아봅시다.

독일에는 나의 삶을 살고 그들의 삶을 살게 내버려두어라는 속담이 있습니다. 사람은 모두 서로 다른 삶을 살아갑니다. 지금까지 살아온 길도 다르고 앞으로 살아가게 될 인생도 다릅니다. 그러니 내가 남에게 참견★할 이유도 없고 남들이 나에게 참견하는 걸 듣고 있을 이유도 없습니다. 그래서 이 속담은 참견은 하지도 말고 받지도 말라는 뜻입니다.

★ 참견: 자기와 관계없는 일에 끼어들어 쓸데없이 이래라저래라 함

 창의력 꽉잡아 속담을 조금 바꿔 나만의 속담을 만들어 보세요.

예시   남의 | 시험 | 에 | 1번이다, | | 2번이다 | 한다.

뜻   책임지지도 못할 거면서 참견만 한다.

나만의 속담

뜻

도둑이 제 발 저린다

어휘력 꽉잡아 속담에서 보이는 뜻을 생각해 보세요.

도둑은
남의 물건을 훔친 사람이라는 뜻입니다.

저린다는
몸의 일부가 쑤시듯 아프다는 뜻입니다.

 보이는 뜻 『남의 물건을 훔친 사람의 발이 쑤시듯 아프다』 **입니다.**

 추론력 꽉잡아 속담 속에 숨은 뜻을 생각해 보세요.

도둑은 잘못을 저지른 사람이라는 뜻입니다.

제 발 저린다는 들킬까 마음이
조마조마하다는 뜻입니다.

숨은 뜻 **입니다.**

속담에 대해 자세히 알아봅시다.

사람은 나쁜 짓을 하고 나면 마음이 무거워집니다. 자신이 한 나쁜 짓을 다른 사람에게 들킬까 봐 두려워지죠. 도둑이 제 발 저린다는 이처럼 나쁜 짓을 한 사람이 들킬까 마음이 조마조마한 상황을 말합니다. 내가 한 나쁜 짓을 아무도 모른다고 해도 마음이 불편한 건 마찬가지입니다. 사람에게는 옳고 그름을 아는 양심★이 있기 때문입니다.

★ 양심: 자기 행동에 대해 옳고 그름을 판단하는 도덕적 의식

속담을 사용할 수 있는 다양한 상황을 생각해 보세요.

1. 길에 경찰이 보이자 어떤 사람이 무작정 도망갈 때
----

2. 친구에게 거짓말을 한 후 친구를 보기 두려울 때

3.

4.

관련된 외국 속담을 알아봅시다.

호주에는 죄책감★에는 고발자가 필요없다는 속담이 있습니다. 이 속담은 아무도 모르게 잘못을 저질러도 죄책감을 느끼게 된다는 뜻입니다. 죄책감은 다른 누군가의 고발이나 비난이 필요하지 않습니다. 그 누구보다 자기 스스로 자신의 잘못을 잘 알기 때문입니다. 마음의 고통을 받고 싶지 않다면 아무도 보지 않는다고 해서 나쁜 행동을 해서는 안 됩니다.

★ 죄책감: 저지른 잘못에 대해 책임을 느끼는 마음

 속담을 조금 바꿔 나만의 속담을 만들어 보세요.

예시 　축구 선수　 가 제 발 저린다.

뜻 　제대로 자기 능력을 발휘하기 힘든 상황이다.

나만의 속담

뜻

1주 차 복습

1. 다음 빈칸에 들어갈 말을 보기에서 찾아 써 보세요.

 보기   쓸개, 잔치, 도둑, 이웃, 부스럼

1) 가까운 [   ] 이 먼 친척보다 낫다

2) 간에 붙었다 [   ] 에 붙었다 한다

3) 긁어 [   ]

4) 남의 [   ] 에 감 놔라 배 놔라 한다

5) [   ] 이 제 발 저린다

2. 다음 뜻을 가진 단어를 보기에서 찾아 써 보세요.

보기　　혈연, 언급, 참견, 간사하다, 악화, 죄책감, 악영향

1) 어떤 문제에 대하여 말함 ➡

2) 일의 형세가 나쁜 쪽으로 바뀜 ➡

3) 같은 핏줄에 의해 연결된 인연 ➡

4) 자기와 관계없는 일에 끼어들어 쓸데없이 이래라저래라 함 ➡

5) 자기의 이익을 위하여 나쁜 꾀를 부리는 등 마음이 바르지 않다 ➡

6) 저지른 잘못에 대해 책임을 느끼는 마음 ➡

7) 나쁜 영향 ➡

3. 다음 속담을 보고 그 뜻으로 알맞은 것을 골라 선으로 연결하세요.

○ ○ ○ ○ ○ ○ ○ ○ ○ ○ ○ ○ ○ ○

**가까운 이웃이
먼 친척보다 낫다** ●

● 가만히 두면 사라질 일을
괜히 건드려서
문제를 더 크게 만든다

긁어 부스럼 ●

● 남의 일에 주제넘게 참견한다

**남의 잔치에
감 놔라 배 놔라 한다** ●

● 간사하게 자기 이익만
챙기려 한다

도둑이 제 발 저린다 ●

● 나쁜 짓을 한 사람이 들킬까
마음이 조마조마하다

**간에 붙었다
쓸개에 붙었다 한다** ●

● 가까운 곳에 사는 남이 멀리
사는 친척보다 더 도움이 된다

4. 다음 속담과 그 뜻을 읽고 이에 대한 여러분의 생각을 글로 써 보세요.

긁어 부스럼

가만히 두면 사라질 일을
괜히 건드려서 문제를 더 크게 만든다

2주차

도토리 키 재기

속담에서 보이는 뜻을 생각해 보세요.

도토리는 떡갈나무 등에서 나는 열매의 일종**입니다.**

재기는 길이, 무게 따위의 정도를 알아보기라는 뜻입니다.

 보이는 뜻

'떡갈나무 열매의 길이를 알아보기' **입니다.**

추론력
꽉잡아

속담 속에 숨은 뜻을 생각해 보세요.

도토리는 능력이 부족한 사람이라는 뜻입니다.

키 재기는 서로 비교하는 모습을 뜻합니다.

숨은 뜻

입니다.

**속담
꽉잡아** 속담에 대해 자세히 알아봅시다.

도토리는 떡갈나무 등에서 나는 열매의 일종으로 다람쥐가 먹이*로 삼습니다. 사람 역시 묵으로 만들어 먹기도 하죠. 크기는 대략 2~3cm 정도로 아주 작은 편이며 열매마다 다 비슷비슷해서 아주 크거나 아주 작은 도토리는 잘 없습니다. 그래서 도토리 키 재기는 능력이 부족한 사람끼리 서로 잘났다고 비교하는 모습을 일컫습니다. 주로 이런 상황을 비웃을 때 사용합니다.

★ 먹이: 동물이 살아가기 위해 먹어야 할 거리

**활용력
꽉잡아** 속담을 사용할 수 있는 다양한 상황을 생각해 보세요.

1. 반에서 제일 작은 두 친구가 키를 비교할 때
----

2. 달리기 꼴찌하는 아이 둘이서 서로 자기가 더 빠르다고 시합할 때

3.

4.

배경지식 꽉잡아 관련된 외국 속담을 알아봅시다.

미국에는 6개나 12개의 반이나라는 속담이 있습니다. 12개의 반은 6입니다. 6과 12개의 반은 완전히 똑같은 수죠. 그래서 이 속담은 두 개의 선택 사항에 차이가 없을 때 사용하는 말입니다. 완전히 똑같은 것을 두고 화술*로 속이려는 사람들이 가끔 있으니 속지 않아야 하겠습니다. 이와 비슷한 우리말로는 조삼모사가 있습니다.

★ 화술: 말을 잘하는 슬기와 능력

 창의력 꽉잡아 속담을 조금 바꿔 나만의 속담을 만들어 보세요.

예시 | 30cm 자 | 키 재기

뜻 완전히 똑같을 수밖에 없는 것을 두고 쓸모없는 짓을 할 때

나만의 속담

뜻

떡 줄 사람은 생각도 않는데 김칫국부터 마신다

오, 떡이다! 하나 주시겠지?

떡을 먹으면 목이 막힐 테니 김칫국을 먼저 마시자.

훈장님 가져다 드려라. 절대 먹으면 안 된다.

떡 줄 사람은 생각도 않는데 김칫국부터 마셨구나···.

어휘력 꽉잡아 속담에서 보이는 뜻을 생각해 보세요.

생각도 않는데는
생각도 하지 않는데라는 뜻입니다.

김칫국은 김치의 국물을 뜻합니다.

 보이는 뜻 '떡을 가진 사람은 줄 생각이 없는데 김칫국물부터 마신다' 입니다.

 추론력 꽉잡아 속담 속에 숨은 뜻을 생각해 보세요.

떡 줄 사람은 생각도 않는데는
상대방은 줄 생각이 없는데라는 뜻입니다.

김칫국부터 마신다는
미리 기대한다는 뜻입니다.

숨은 뜻   입니다.

속담에 대해 자세히 알아봅시다.

퍽퍽한 떡을 먹다 보면 목이 막힐 수 있습니다. 이럴 때 국물을 마시면 좋을 겁니다. 그런데 남의 떡을 보고 그 사람이 줄지 안 줄지 알 수 없는 상황에서 목이 막힐까 봐 미리 국물을 마신다면 매우 우스꽝스러울 겁니다. 이처럼 떡 줄 사람은 생각도 않는데 김칫국부터 마신다는 상대방은 줄 생각이 없는데 미리 기대한다는 뜻입니다. 이런 설레발을 쳐서는★ 안 되겠습니다.

★ 설레발치다: 몹시 서두르며 부산하게 굴다

속담을 사용할 수 있는 다양한 상황을 생각해 보세요.

1. 내가 상금을 받으면 그 돈으로 무엇을 할지 기대하는 친구에게

----

2. 엄마가 나 주려고 용돈 꺼내는데 기뻐하는 동생을 보며

3.

4.

배경지식 꽉잡아 관련된 외국 속담을 알아봅시다.

일본에는 너구리굴 보고 가죽값 먼저 내어 쓴다는 속담이 있습니다. 너구리 가죽 값을 벌려면 우선 너구리를 잡아야 합니다. 또 가죽을 벗겨 무두질★도 해야 하고 시장에 내다 팔아야 합니다. 그런데 너구리굴만 보고 벌써 돈을 번 것처럼 행동해 서는 안 되겠습니다. 그래서 이 속담은 아직 일어나지도 않은 일로 설레발친다는 뜻입니다.

★ 무두질: 가죽을 부드럽게 만드는 일

 창의력 꽉잡아 속담을 조금 바꿔 나만의 속담을 만들어 보세요.

예시 | 똥 싸는 사람 | 은 | 비켜 줄 | 생각도 않는데 | 바지부터 내린다. |

뜻   너무 급해서 앞뒤 가리지 못한다.

나만의 속담

뜩

뛰는 놈 위에 나는 놈 있다

속담에서 보이는 뜻을 생각해 보세요.

뛰는 놈은 달리는 사람이라는 뜻입니다.

나는 놈은 날아가는 사람이라는 뜻입니다.

 보이는
뜻

'달리는 사람 위에 날아가는 사람 있다' **입니다.**

속담 속에 숨은 뜻을 생각해 보세요.

뛰는 놈은 잘난 사람이라는 뜻입니다.

나는 놈은 더 잘난 사람이라는 뜻입니다.

 숨은
뜻

입니다.

속담 꽉잡아 속담에 대해 자세히 알아봅시다.

뛰는 놈 위에 나는 놈 있다는 더 잘난 사람은 항상 있으니 겸손★하라는 의미입니다. 사람은 누구나 남보다 잘하는 것이 한두 가지 있습니다. 하지만 세상은 넓어 나보다 더 잘하는 사람이 반드시 있게 마련입니다. 잘난 척하다 나보다 더 잘하는 사람을 만나면 창피를 당하게 됩니다. 처음부터 겸손한 태도를 보이는 것이 좋습니다.

★ 겸손: 남을 존중하고 자기를 내세우지 않는 태도

활용력 꽉잡아 속담을 사용할 수 있는 다양한 상황을 생각해 보세요.

1. 그림 못 그리는 친구를 무시하는 아이에게
----

2. 자기는 키가 크다고 키 작은 친구를 놀리는 아이에게

3.

4.

배경지식 꽉잡아

관련된 외국 속담을 알아봅시다.

유고슬라비아에는 너무 겸손한 사람은 밟히게 된다는 속담이 있습니다. 이 속담은 지나치게 겸손하면 다른 사람들에게 무시당하게 되니 적당히 겸손해야 한다는 의미입니다. 겸손은 좋은 태도입니다. 하지만 너무 겸손하다 보면 비굴★해 보일 수 있습니다. 겸손하게 행동하되 남들에게 무시당하지 않도록 당당한 태도를 유지할 필요가 있습니다.

★ 비굴: 용기나 줏대가 없이 남에게 굽히기 쉬움

 창의력 꽉잡아

속담을 조금 바꿔 나만의 속담을 만들어 보세요.

예시   뛰는 놈 위에 │ 업혀 가는 │ 놈 있다.

뜻   누구는 노력하고 누구는 거저 도움만 받는다.
- -

나만의 속담

뜻
- -

매도 먼저 맞는 놈이 낫다

어휘력 꽉잡아

속담에서 보이는 뜻을 생각해 보세요.

매는 사람이나 짐승을 때리는 막대기라는 **뜻입니다.**

낫다는 보다 더 좋다는 **뜻입니다.**

 보이는 뜻

'막대기로 맞을 때는 먼저 맞는 것이 더 좋다' **입니다.**

 추론력 꽉잡아

속담 속에 숨은 뜻을 생각해 보세요.

매는 이왕 겪을 나쁜 일이라는 **뜻입니다.**

먼저 맞는 놈은 얼른 겪는 것을 뜻합니다.

숨은 뜻

입니다.

속담 꽉잡아 속담에 대해 자세히 알아봅시다.

> 매도 먼저 맞는 놈이 낫다는 이왕 겪을 나쁜 일은 얼른 겪는★ 것이 좋다는 의미입니다. 나쁜 일은 피할 수 있다면 피하면 좋습니다. 하지만 세상에는 절대 피할 수 없는 나쁜 일도 있습니다. 이런 경우는 뒤로 미뤄 두면 안 됩니다. 미뤄 두면 기다리는 동안 걱정과 두려움만 더더욱 커지기 때문입니다. 빨리 겪고 잊어버리는 것이 가장 좋은 선택입니다.
>
> ★ 겪다: 어렵거나 경험될 만한 일을 당하여 치르다

활용력 꽉잡아 속담을 사용할 수 있는 다양한 상황을 생각해 보세요.

1. 꼭 맞아야 하는 주사를 미루려고 자꾸 뒤로 빼는 친구에게

----

2. 들킬 수밖에 없는 잘못을 했는데 어떻게든 숨기려고 하는 친구에게

3.

4.

배경지식 꽉잡아 관련된 외국 속담을 알아봅시다.

영국에는 악마는 맨 뒷자리를 차지한다는 속담이 있습니다. 이 속담은 1620년대 연극에서 나온 표현으로 사람은 다른 사람의 복지★에는 관심이 없고 개인의 이익만 추구한다는 의미입니다. 경쟁에 져서 맨 뒷자리를 차지한 패자가 어떤 일을 당하든 관심 없이 오직 자기의 이익만 생각하는 현실을 비판하는 속담입니다.

★ 복지: 행복한 삶

 창의력 꽉잡아 속담을 조금 바꿔 나만의 속담을 만들어 보세요.

예시 맛있는 것은 먼저 먹는 놈이 낫다.

뜻 좋은 것은 사라지기 전에 빨리 차지해야 한다.

나만의 속담

뜻

목마른 놈이 우물 판다

어휘력 꽉잡아 속담에서 보이는 뜻을 생각해 보세요.

목마른 놈은
목이 마른 사람이라는 뜻입니다.

우물 판다는
우물을 만들려고 땅을 판다는 뜻입니다.

 보이는 뜻

'목마른 사람이 우물을 만들려고 땅을 판다' **입니다.**

 추론력 꽉잡아 속담 속에 숨은 뜻을 생각해 보세요.

목마른 놈은 급한 사람을 뜻합니다.

우물 판다는 그 일을 서둘러 한다는 뜻입니다.

숨은 뜻

입니다.

속담 꽉잡아 속담에 대해 자세히 알아봅시다.

두 사람이 우물을 파기로 했습니다. 그런데 한 사람은 목이 마르고 한 사람은 그렇지 않습니다. 누가 더 열심히 우물을 팔까요? 바로 목마른 사람입니다. 목마른 사람은 자신의 목이 마르니 열심히 우물을 파겠지만 목마르지 않은 사람은 그렇지 않을 겁니다. 이처럼 사람은 자신에게 필요할 때 그 일을 열성적★으로 하게 됩니다. 그래서 목마른 놈이 우물 판다는 급한 사람이 그 일을 서둘러 하게 된다는 뜻입니다.

★ 열성적: 열렬한 정성을 들이는 것

활용력 꽉잡아 속담을 사용할 수 있는 다양한 상황을 생각해 보세요.

1. 두 친구가 서로 다퉜는데 도움이 필요한 사람이 먼저 사과할 때

----

2. 배고픈 사람이 먹을 것을 적극적으로 찾을 때

3.

4.

배경지식 꽉잡아 관련된 외국 속담을 알아봅시다.

독일에는 가난한 사람은 적게 가진 사람이 아니라 많이 필요한 사람이다라는 속담이 있습니다. 사람의 욕심은 무한★합니다. 갖고 싶은 것을 갖고 나면 새로운 욕심이 생기기 쉽습니다. 그래서 아무리 부자라 해도 욕심이 많으면 늘 부족함을 느끼고 만족할 수 없죠. 그래서 이 속담은 아무리 많은 것을 가져도 욕심이 크면 절대 만족할 수 없다는 뜻입니다.

★ 무한: 수, 양 따위에 한계가 없음

창의력 꽉잡아 속담을 조금 바꿔 나만의 속담을 만들어 보세요.

예시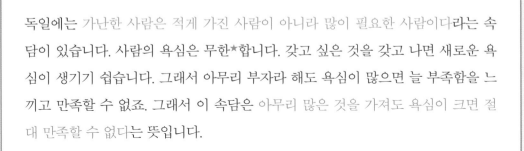

뜻 필요한 사람이 그 일을 하게 된다.

나만의 속담

뜻

2주 차 복습

1. 다음 빈칸에 들어갈 말을 보기에서 찾아 써 보세요.

보기　　　　　　도토리, 매, 우물, 뛰는 놈, 김칫국

1) [　　　　　　] 키 재기

2) 떡 줄 사람은 생각도 않는데 [　　　　　　] 부터 마신다

3) [　　　　　　] 위에 나는 놈 있다

4) [　　　　　　] 도 먼저 맞는 놈이 낫다

5) 목마른 놈이 [　　　　　　] 판다

2. 다음 뜻을 가진 단어를 보기에서 찾아 써 보세요.

보기　　　　　화술, 겸손, 비굴, 먹이, 무한, 복지, 무두질

1) 남을 존중하고 자기를 내세우지 않는 태도 ➡

2) 동물이 살아가기 위해 먹어야 할 거리 ➡

3) 행복한 삶 ➡

4) 가죽을 부드럽게 만드는 일 ➡

5) 수, 양 따위에 한계가 없음 ➡

6) 용기나 줏대가 없이 남에게 굽히기 쉬움 ➡

7) 말을 잘하는 슬기와 능력 ➡

3. 다음 속담을 보고 그 뜻으로 알맞은 것을 골라 선으로 연결하세요.

뛰는 놈 위에
나는 놈 있다 •

이왕 겪을 나쁜 일은
얼른 겪는 것이 좋다

떡 줄 사람은
생각도 않는데
김칫국부터 마신다 •

상대방은 줄 생각이 없는데
미리 기대한다

도토리 키 재기 •

급한 사람이 그 일을
서둘러 하게 된다

목마른 놈이
우물 판다 •

더 잘난 사람은 항상
있으니 겸손하라

매도 먼저 맞는
놈이 낫다 •

능력이 부족한 사람끼리
서로 잘났다고 비교하는 모습

4. 다음 속담과 그 뜻을 읽고 이에 대한 여러분의 생각을 글로 써 보세요.

뛰는 놈 위에 나는 놈 있다

더 잘난 사람은 항상 있으니 겸손하라

3주차

미운 놈 떡 하나 더 준다

어휘력 꽉잡아

속담에서 보이는 뜻을 생각해 보세요.

미운은
마음에 들지 않는이라는 뜻입니다.

준다는
물건을 건네어 가지게 한다는 뜻입니다.

 보이는 뜻

'마음에 들지 않는 사람에게 떡을 하나 더 준다' **입니다.**

 추론력 꽉잡아

속담 속에 숨은 뜻을 생각해 보세요.

미운 놈은 미워하는 사람이라는 뜻입니다.

떡 하나 더 준다는 더 잘해 준다는 뜻입니다.

숨은 뜻

입니다.

속담 꽉잡아 속담에 대해 자세히 알아봅시다.

좋아하는 사람에게는 잘해 주고 미워하는 사람에게 잘해 주지 않는 것은 인지상정★입니다. 하지만 그렇게 하면 미워하는 사람과는 점점 더 사이가 나빠지게 됩니다. 이럴 때는 오히려 미워하는 사람에게 잘해 주는 것도 방법입니다. 잘해 주어서 서로 나쁜 감정을 없애기 위해서입니다. 그래서 미운 놈 떡 하나 더 준다는 관계를 회복하기 위해 미워하는 사람에게 더 잘해 주라는 의미입니다.

★ 인지상정: 사람이라면 누구나 가지는 보통의 마음

 활용력 꽉잡아 속담을 사용할 수 있는 다양한 상황을 생각해 보세요.

1. 나에게 짖는 강아지에게 간식을 더 줄 때
----

2. 나를 따르지 않는 동생을 더 잘 챙겨 줄 때

3.

4.

배경지식 꽉잡아 관련된 외국 속담을 알아봅시다.

아이슬란드에는 사람이 아니라 약점을 미워하라는 속담이 있습니다. 이 속담은 어떤 사람이 부족한 점이 있다면 그 사람이 아닌 약점★을 탓하라는 뜻입니다. 세상에 완벽한 사람은 없으며 모든 사람은 부족한 점이 있습니다. 그래서 어떤 점이 부족하다고 그 사람을 미워한다면 세상 그 누구도 좋아할 수 없습니다. 문제는 사람이 아니라 약점이라는 사실을 잊지 마세요.

★ 약점: 모자라서 남에게 뒤떨어지거나 떳떳하지 못한 점

 창의력 꽉잡아 속담을 조금 바꿔 나만의 속담을 만들어 보세요.

예시 미운 놈 | 에게는 | 줄 떡도 안 준다.

뜻 미움을 받으면 받을 것도 못 받을 수 있다.

나만의 속담

뜻

믿는 도끼에 발등 찍힌다

속담에서 보이는 뜻을 생각해 보세요.

도끼는 나무를 쪼갤 때 쓰는 연장입니다.

발등은 발의 위쪽 부분입니다.

보이는
뜻

'믿고 있는 도끼에 발 위쪽 부분을 찍힌다' **입니다.**

**추론력
꽉잡아**

속담 속에 숨은 뜻을 생각해 보세요.

믿는 도끼는 믿고 있던 사람을 뜻합니다.

발등 찍힌다는 배신당한다는 뜻입니다.

숨은
뜻

입니다.

속담 꽉잡아 속담에 대해 자세히 알아봅시다.

믿는 도끼에 발등 찍힌다는 믿고 있던 사람에게 배신당했을 때 쓸 수 있는 속담입니다. 살다보면 내가 철썩같이 믿고 있던 사람이 나를 배신하거나 믿음을 저버리는 경우가 있습니다. 일부러 배신을 하려는 나쁜 마음이 아니더라도 자연스럽게 일이 그렇게 흘러가는 경우도 많고요. 그래서 중요한 일이라면 막연히★ 믿고 있기보다는 일이 잘 진행되는지 확인할 필요가 있습니다.

★ 막연히: 뚜렷하지 못하고 어렴풋하게

활용력 꽉잡아 속담을 사용할 수 있는 다양한 상황을 생각해 보세요.

1. 나를 도와주리라 믿었던 형이 나를 배신할 때
----

2. 꼭 100점 받을 줄 알았던 시험을 망쳤을 때

3.

4.

배경지식 꽉잡아

관련된 외국 속담을 알아봅시다.

사람은 위험한 것을 항상 자신의 앞쪽에 두려는 습성*이 있습니다. 위험을 눈으로 직접 보고 두 손으로 대처하기 위해서입니다. 반대로 안전한 것은 등 뒤에 둡니다. 보지 않아도 안전하다고 생각하기 때문이죠. 그래서 등 뒤에서 찔리다라는 캐나다 표현은 믿고 있던 사람에게 배신을 당했다는 의미입니다.

★ 습성: 습관이 되어 버린 성질

창의력 꽉잡아

속담을 조금 바꿔 나만의 속담을 만들어 보세요.

예시 믿는 │ 고양이 │ 에 │ 손등 긁힌다.

뜻 사랑하던 고양이가 손등을 할퀼 수도 있다.

나만의 속담

뜻

방귀 뀐 놈이 성낸다

어휘력 꽉잡아 속담에서 보이는 뜻을 생각해 보세요.

방귀는 항문으로 나오는 구린내 나는 무색 기체**입니다.**

성낸다는 노여움을 나타낸다는 뜻입니다.

보이는 뜻 · · · · · · · '방귀를 뀐 사람이 노여움을 나타낸다' 입니다. · · · · · ·

 추론력 꽉잡아 속담 속에 숨은 뜻을 생각해 보세요.

방귀 뀐 놈은 잘못한 사람을 뜻합니다.

성낸다는 화를 낸다는 뜻입니다.

숨은 뜻 · 입니다. · · · · · ·

속담에 대해 자세히 알아봅시다.

방귀 뀐 놈이 성낸다는 잘못한 사람이 오히려 남에게 화를 낸다는 뜻입니다. 사람은 누구나 방귀를 뀝니다. 그래서 방귀를 뀌는 것이 큰 잘못은 아닙니다. 하지만 다른 사람과 함께 있을 때 방귀를 뀌는 것은 실례★되는 행동입니다. 더럽기도 하고 실제로 냄새가 나기도 하죠. 실례되는 행동을 했다면 미안해해야지 오히려 성을 내어서는 안 되겠습니다.

★ 실례: 말이나 행동이 예의에 벗어남

활용력
꽉잡아

속담을 사용할 수 있는 다양한 상황을 생각해 보세요.

1. 축구 시합에서 실수를 한 선수가 졌다고 마구 화를 낼 때

-----

2. 장난감을 사기로 한 돈을 잃어버린 사람이 오히려 화를 낼 때

3.

4.

배경지식 꽉잡아 관련된 외국 속담을 알아봅시다.

아이슬란드에는 사람은 누구나 자기 방귀 냄새를 좋아한다는 속담이 있습니다. 다른 사람의 방귀 냄새를 좋아하는 사람은 없습니다. 방귀는 더럽다고 생각하기 때문입니다. 하지만 자기 방귀 냄새는 비위생적★이라고 생각하지 않습니다. 바로 자기 것이기 때문이죠. 그래서 이 속담은 사람은 자신의 것이라면 나쁜 것조차 좋게 느낀다는 뜻입니다.

★ 비위생적: 위생에 좋지 않거나 알맞지 아니한 것

 창의력 꽉잡아 속담을 조금 바꿔 나만의 속담을 만들어 보세요.

예 시 　 도움받은 　 놈이 성낸다.

뜻 　 고마워해야 할 일에 염치 없이 화를 낸다.

나만의 속담

뜻

배보다 배꼽이 더 크다

속담에서 보이는 뜻을 생각해 보세요.

배는 사람이나 동물의
내장이 들어 있는 곳**입니다.**

배꼽은 탯줄이 떨어지면서
배에 생긴 자리**입니다.**

보이는
뜻 　　'배보다 배에 생긴 자리가 더 크다' 입니다.

속담 속에 숨은 뜻을 생각해 보세요.

배는 주된 것을 뜻합니다.

배꼽은 딸린 것을 뜻합니다.

숨은
뜻 　　　　　　　　　　　　　　　　　　입니다.

속담에 대해 자세히 알아봅시다.

엄마 뱃속에서 태아★는 탯줄을 통해 엄마가 먹은 음식의 영양분을 받아 살아갑니다. 그러다가 태어나면서 이 탯줄을 자르는데 그 흔적이 바로 배꼽입니다. 배꼽은 배에 달려 있기 때문에 당연히 배보다 작습니다. 그래서 배보다 배꼽이 더 크다는 속담은 주된 것보다 딸린 것이 더 크거나 많다는 뜻입니다. 중요한 것과 중요하지 않은 것을 구분하지 못해 거꾸로 행동할 때 주로 사용합니다.

★ 태아: 엄마 배 속에 있는 아이

속담을 사용할 수 있는 다양한 상황을 생각해 보세요.

1. 선물값보다 포장비가 더 비쌀 때
_____

2. 500원 싸게 사려다가 버스비로 1000원을 더 썼을 때
_____

3.
_____

4.
_____

배경지식 꽉잡아 관련된 외국 속담을 알아봅시다.

허기*가 질 때는 음식에 대한 욕심이 커집니다. 평소보다 훨씬 더 많이 먹으려고 하고 먹을 수 있을 것 같죠. 하지만 막상 먹다 보면 처음 생각만큼 먹지 못하는 경우가 많습니다. 이럴 때 미국 사람들은 눈이 배보다 크다라고 말합니다. 실제로 먹을 수 있는 양보다 음식을 보고 생긴 욕심이 더 크다는 의미입니다.

★ 허기: 몹시 굶어서 배고픈 느낌

 창의력 꽉잡아 속담을 조금 바꿔 나만의 속담을 만들어 보세요.

예시 | 모자 | 보다 | 머리 | 가 더 크다.

뜻   커야 할 것이 작고 작아야 할 것이 크다.

나만의 속담

뜻

벼는 익을수록 고개를 숙인다

속담에서 보이는 뜻을 생각해 보세요.

벼는 쌀을 열매로 맺는
한해살이풀**입니다.**

익을수록은 열매나 씨가
여물수록이라는 뜻입니다.

보이는
뜻

'벼는 여물수록 고개를 숙인다' **입니다.**

추론력 꽉잡아

속담 속에 숨은 뜻을 생각해 보세요.

벼는 익을수록은
훌륭한 사람일수록이라는 뜻입니다.

고개를 숙인다는
겸손하다는 뜻입니다.

숨은
뜻

입니다.

속담 꽉잡아 속담에 대해 자세히 알아봅시다.

벼는 쌀을 열매로 맺는★ 풀입니다. 벼는 익기 전에는 머리를 빳빳하게 들고 있습니다. 풀의 끝이 텅 비어 있어 가볍기 때문입니다. 반면 익으면 고개를 숙이는데 잘 익으면 잘 익을수록 고개를 더욱 숙입니다. 쌀을 맺어 무게가 점점 더 무거워지기 때문입니다. 그래서 벼는 익을수록 고개를 숙인다는 실력이 뛰어나거나 훌륭한 사람일수록 겸손하다는 의미입니다.

★ 맺다: 열매나 꽃망울 따위가 생겨나다

활용력 꽉잡아 속담을 사용할 수 있는 다양한 상황을 생각해 보세요.

1. 공부를 잘 하는 친구가 겸손할 때
----

2. 영어를 잘 하지도 못하는 친구가 영어로 잘난 척할 때

3.

4.

배경지식 꽉잡아 관련된 외국 속담을 알아봅시다.

영국 속담 고요한★ 물이 깊게 흐른다는 조용한 사람이 생각이 더 많다는 의미입니다. 말이 많은 사람은 말을 하느라 깊게 생각을 하지 않습니다. 순간순간 드는 생각을 모두 말해 버리니까요. 반면 말이 없는 사람은 자신의 생각을 천천히 곱씹으며 더 많은 생각을 합니다. 사람은 말이 없다고 생각도 없는 것이 아니라는 것을 기억해야 합니다.

★ 고요하다: 조용하고 잠잠하다

 창의력 꽉잡아 속담을 조금 바꿔 나만의 속담을 만들어 보세요.

예시　 사과 는 익을수록 달다.

뜻　 **충분히 준비가 되어야 훌륭해질 수 있다.**

나만의 속담

뜻

3주 차 복습

1. 다음 빈칸에 들어갈 말을 보기에서 찾아 써 보세요.

보기 배꼽, 고개, 발등, 방귀, 떡

1) 배보다 [   ] 이 더 크다

2) 미운 놈 [   ] 하나 더 준다

3) 벼는 익을수록 [   ] 를 숙인다

4) 믿는 도끼에 [   ] 찍힌다

5) [   ] 뀐 놈이 성낸다

2. 다음 뜻을 가진 단어를 보기에서 찾아 써 보세요.

보기   태아, 막연히, 습성, 맺다, 실례, 약점, 비위생적

1) 모자라서 남에게 뒤떨어지거나 떳떳하지 못한 점 ➡

2) 위생에 좋지 않거나 알맞지 아니한 것 ➡

3) 엄마 배 속에 있는 아이 ➡

4) 뚜렷하지 못하고 어렴풋하게 ➡

5) 말이나 행동이 예의에 벗어남 ➡

6) 열매나 꽃망울 따위가 생겨나다 ➡

7) 습관이 되어 버린 성질 ➡

3. 다음 속담을 보고 그 뜻으로 알맞은 것을 골라 선으로 연결하세요.

○ ○ ○ ○ ○ ○ ○ ○ ○ ○ ○ ○ ○ ○

**믿는 도끼에
발등 찍힌다** ●　　　　　● 주된 것보다 딸린 것이
더 크거나 많다

**배보다
배꼽이 더 크다** ●　　　　　● 믿고 있던 사람에게
배신당한다

**미운 놈
떡 하나 더 준다** ●　　　　　● 잘못한 사람이 오히려
남에게 화를 낸다

**벼는 익을수록
고개를 숙인다** ●　　　　　● 실력이 뛰어나거나
훌륭한 사람일수록 겸손하다

방귀 뀐 놈이 성낸다 ●　　　　　● 관계를 회복하기 위해
미워하는 사람에게 더
잘해 준다

4. 다음 속담과 그 뜻을 읽고 이에 대한 여러분의 생각을 글로 써 보세요.

벼는 익을수록 고개를 숙인다

실력이 뛰어나거나 훌륭한 사람일수록 겸손하다

4주차

사공이 많으면 배가 산으로 간다

속담에서 보이는 뜻을 생각해 보세요.

사공은 배를 부리는 일을
직업으로 하는 사람**입니다.**

배는 사람이나 짐을 싣고
물 위를 다니는 탈 것을 **뜻합니다.**

보이는
뜻

'배를 부리는 사람이 많으면 배가 산으로 향한다' **입니다.**

추론력
꽉잡아

속담 속에 숨은 뜻을 생각해 보세요.

사공은
일에 참견하는 사람을 **뜻합니다.**

배가 산으로 간다는
일이 엉뚱하게 진행된다는 **뜻입니다.**

숨은
뜻

입니다.

속담 꽉잡아 속담에 대해 자세히 알아봅시다.

사공이 많으면 배가 산으로 간다는 참견하는 사람이 많으면 일이 엉뚱하게 흘러 간다는 뜻입니다. 배를 조종하는 사공이 많으면 배가 제대로 나아가기가 힘듭니 다. 한 사공은 이리 가려고 하고 다른 사공은 또 다른 쪽으로 가려고 하니까요. 어 떤 일을 할 때는 명확한 하나의 목표에 따라 일을 추진★하는 것이 중요합니다. 좋 다는 의견을 이리저리 다 듣다 보면 결국에는 아무것도 되는 일이 없게 됩니다.

★ 추진: 목표를 향하여 밀고 나아감

활용력 꽉잡아 속담을 사용할 수 있는 다양한 상황을 생각해 보세요.

1. 과제를 하는데 참견하는 사람들이 많아 과제가 점점 이상해질 때
----

2. 조원과 함께 만들기를 하는데 서로 의견이 많아 모양이 점점 이상해질 때

3.

4.

배경지식 꽉잡아

관련된 외국 속담을 알아봅시다.

뉴질랜드에는 요리사가 많으면 수프를 망친다는 속담이 있습니다. 이 속담 역시 어떤 일에 관여하는 사람이 많으면 일을 망친다는 뜻입니다. 어떤 요리사는 단맛을 좋아하고 다른 요리사는 고소한 맛을 좋아합니다. 그래서 하나의 수프를 여러 요리사가 함께 만들다 보면 결국에는 이상한 맛이 될 수 있습니다. 어떤 일을 할 때 여러 조언을 듣는 것은 좋지만 이를 모두 반영★하려 하면 일을 망치기 쉽습니다.

★ 반영: 다른 것에 영향을 받아 이를 적용함

 창의력 꽉잡아

속담을 조금 바꿔 나만의 속담을 만들어 보세요.

예시   │ 숙제 │ 가 많으면 │ 공부 │ 가 산으로 간다.

뜻   너무 많은 숙제를 하면 하나도 제대로 공부하기 힘들다.

───

나만의 속담

뜻

호랑이는 죽어서 가죽을 남기고 사람은 죽어서 이름을 남긴다

어휘력 꽉잡아 속담에서 보이는 뜻을 생각해 보세요.

가죽은 동물의 몸에서 벗겨 낸 껍질로 만든 물건**입니다**.

남긴다는 떠나지 않고 그대로 있게 한다는 뜻입니다.

 보이는 뜻

'호랑이는 죽어 없어져도 가죽이 그대로 있고
사람은 죽어 없어져도 이름이 그대로 있다' **입니다.**

 추론력 꽉잡아 속담 속에 숨은 뜻을 생각해 보세요.

사람은 죽어서는
사람은 죽고 없어져도라는 뜻입니다.

이름을 남긴다는 살아 있을 때 한 일을
사람들이 기억한다는 뜻입니다.

숨은 뜻

입니다.

속담 꽉잡아 속담에 대해 자세히 알아봅시다.

> 호랑이는 죽어서 가죽을 남기고 사람은 죽어서 이름을 남긴다는 사람의 몸은 죽고 없어져도 살아 있을 때 했던 일이나 업적★을 사람들이 기억한다는 뜻입니다. 우리가 세종대왕과 이순신 장군을 기억하는 것처럼요. 주로 훌륭한 일을 하신 존경받는 분에게 쓰지만 나쁜 짓을 해 부정적으로 기억되는 사람에게도 쓸 수 있답니다.
>
> ★ 업적: 어떤 일에서 세운 공적

활용력 꽉잡아 속담을 사용할 수 있는 다양한 상황을 생각해 보세요.

1. 존경하는 할아버지가 돌아가신 후 할아버지를 그리워하며

----

2. 우리나라를 일본에 팔아먹은 친일파들에게

3.

4.

배경지식 꽉잡아 관련된 외국 속담을 알아봅시다.

유고슬라비아★에는 좋은 이름은 멀리 가지만 나쁜 이름은 더 멀리 간다는 속담이 있습니다. 이 속담은 좋은 행동보다 나쁜 행동을 사람들이 더 많이 알게 된다는 말입니다. 좋은 행동을 하는 것도 좋지만 나쁜 행동을 하지 않는 것이 중요합니다. 좋은 행동을 하지 않는 사람과는 함께 살 수 있지만 나쁜 행동을 하는 사람과는 함께 살 수 없기 때문입니다.

★ 유고슬라비아: 크로아티아, 슬로베니아 등 여러 나라로 나누어져서 지금은 사라진 국가

 창의력 꽉잡아 속담을 조금 바꿔 나만의 속담을 만들어 보세요.

예시　호랑이는 죽어서 가죽을 남기고 　나　 는 죽어서 　노래　 를 남긴다.

뜻　나는 멋진 아이돌 가수가 되고 싶다.

나만의 속담

뜻

사촌이 땅을 사면 배가 아프다

어휘력 꽉잡아

속담에서 보이는 뜻을 생각해 보세요.

사촌은 부모의 친형제자매의
자녀를 뜻합니다.

땅을 사면은 돈을 주고
땅을 구입하면이라는 뜻입니다.

 보이는 뜻

'사촌이 돈을 주고 땅을 구입하면 나의 배가 아프다' **입니다.**

 추론력 꽉잡아

속담 속에 숨은 뜻을 생각해 보세요.

사촌이 땅을 사면은
가까운 사람이 잘되면이라는 뜻입니다.

배가 아프다는
부러워서 질투한다는 뜻입니다.

숨은 뜻

입니다.

107

속담에 대해 자세히 알아봅시다.

사촌이 땅을 사면 배가 아프다는 가까운 사람이 잘되면 부러워서 질투하게 된다는 뜻입니다. 사람은 가까운 사람이 잘되면 축하해 주기도 하지만 마음 한편으로 질투*하기도 합니다. 잘 모르는 사람보다 아는 사람이 잘되면 특히 더 그렇습니다. 그래서 가족 이외에는 가까운 사람에게 자기 자랑을 너무 하지 않는 것이 좋습니다.

★ 질투: 다른 사람이 잘되는 것을 공연히 미워함

**활용력
꽉잡아**
속담을 사용할 수 있는 다양한 상황을 생각해 보세요.

1. 친한 친구가 나보다 공부를 잘해서 나도 모르게 질투할 때
----

2. 내가 선생님께 칭찬받은 것을 다른 친구들이 질투할 때

3.

4.

배경지식 꽉잡아 관련된 외국 속담을 알아봅시다.

독일에는 시기심★은 자신의 마음만을 잡아먹는다는 속담이 있습니다. 이 속담은 다른 이를 시기하는 사람은 자기 자신의 마음을 파괴하게 된다는 의미입니다. 다른 이를 시기하는 사람은 온통 그것에 마음을 빼앗기게 됩니다. 자신이 좋아하고 잘하는 것은 잊고 오직 상대방을 미워할 뿐이죠. 그러면서 자기 자신과 자신의 마음을 잃어버리게 되는 겁니다.

★ 시기심: 남이 잘되는 것을 샘하여 미워하는 마음

 창의력 꽉잡아 속담을 조금 바꿔 나만의 속담을 만들어 보세요.

예시 사촌이 땅을 사면 파티를 열자.

뜻 질투하지 말고 함께 축하하고 즐기자.

나만의 속담

뜻

선무당이 사람 잡는다

속담에서 보이는 뜻을 생각해 보세요.

선무당은 서툴러서
굿을 제대로 하지 못하는 무당**입니다.**

사람 잡는다는 누군가를 극심한 곤경에
빠트린다는 뜻입니다.

 보이는
뜻

'서투른 무당이 누군가를 극심한 곤경에 빠트린다' 입니다.

추론력
꽉잡아

속담 속에 숨은 뜻을 생각해 보세요.

선무당은
서투른 사람을 뜻합니다.

사람 잡는다는
문제를 더 심각하게 만든다는 뜻입니다.

숨은
뜻

입니다.

속담에 대해 자세히 알아봅시다.

선무당★이 사람 잡는다는 서투른 사람이 문제를 더 심각하게 만든다는 뜻입니다. 자기도 잘 알지 못하는 문제에 대해 잘 아는 척하는 사람들이 있습니다. 이런 사람들의 잘못된 조언을 듣다 보면 문제가 더 심각해지게 됩니다. 그러니 여러분에게 누군가 조언한다면 그 사람이 그 문제에 대해 잘 아는지 확인할 필요가 있습니다. 여러분 역시 잘 모르는 문제에 대해 아는 척해서는 안 되겠습니다.

★ 무당: 귀신을 섬겨 미래를 점치고 굿하는 것을 직업으로 하는 사람

속담을 사용할 수 있는 다양한 상황을 생각해 보세요.

1. 자격이 없는 사람에게 치료받다가 병이 더 심해졌을 때
----

2. 요리를 못하는 친구의 조언을 듣다가 요리를 망쳤을 때

3.

4.

관련된 외국 속담을 알아봅시다.

인도에는 절반의 지식은 무지★보다 더 나쁘다는 속담이 있습니다. 이는 아예 모르는 것보다 조금만 알고 있는 것이 더 위험하다는 의미입니다. 무언가에 대해 조금 아는 사람은 자기가 다 알고 있다고 착각하기 쉽습니다. 아예 모르는 사람은 겸손할 수 있는데 조금 아는 사람은 스스로 많이 안다고 착각하는 거죠. 절반의 잘못된 지식을 가지고 스스로 옳다고 확신하기 때문에 조금 아는 사람은 위험하다는 뜻입니다.

★ 무지: 아는 것이 없음

창의력
꽉잡아

속담을 조금 바꿔 나만의 속담을 만들어 보세요.

예시 선형 이 동생 잡는다.

뜻 잘 모르면서 형이 틀린 것을 가르쳐 준다.

나만의 속담

뜻

산 입에 거미줄 치랴

어휘력 꽉잡아 속담에서 보이는 뜻을 생각해 보세요.

산은 살아있는이라는 뜻입니다.

치랴는 그물 따위를 펼쳐 놓겠느냐는 뜻입니다.

 보이는 뜻

'살아있는 입 안에 거미줄을 치겠느냐?' **입니다.**

추론력 꽉잡아 속담 속에 숨은 뜻을 생각해 보세요.

산 입은 살아있는 사람을 뜻합니다.

거미줄 치랴는 설마 굶어 죽겠느냐는 뜻입니다.

숨은 뜻

입니다.

115

속담 꽉잡아 속담에 대해 자세히 알아봅시다.

거미는 아무것도 없는 허공★에 거미줄을 칩니다. 무언가가 계속 왔다갔다하는 곳에는 거미줄을 칠 수 없으니까요. 그래서 산 입에 거미줄 치랴는 설마 입에 아무 음식도 못 넣겠느냐는 물음으로, 사람은 어떻게든 먹고 살게 된다는 뜻입니다. 너무 가난하여 아무것도 먹을 것이 없을 때 걱정하지 말고 희망을 갖자는 의미로 많이 사용되는 표현입니다.

★ 허공: 텅 빈 공중

활용력 꽉잡아 속담을 사용할 수 있는 다양한 상황을 생각해 보세요.

1. 한 달 용돈을 금세 다 써서 남은 날이 걱정될 때
----

2. 드라마 속 주인공이 굶고 있을 때

3.

4.

배경지식 꽉잡아 관련된 외국 속담을 알아봅시다.

자메이카에는 거미와 파리는 거래★를 할 수 없다는 속담이 있습니다. 거래를 하려면 상대가 나를 속이지 않을 거라는 믿음이 필요합니다. 그런데 거미는 파리를 잡아먹습니다. 이런 거미를 파리가 믿고 거래할 수 있을까요? 그래서 이 속담은 믿을 수 없는 사람과는 함께 일할 수 없다는 의미입니다.

★ 거래: 물건 따위를 사고파는 행위

 창의력 꽉잡아 속담을 조금 바꿔 나만의 속담을 만들어 보세요.

예시 산 | 눈 | 에 거미줄 치랴.

뜻 볼 만한 TV 프로그램이 없지만 좀 더 찾아보자.

나만의 속담

뜻

4주 차 복습

1. 다음 빈칸에 들어갈 말을 보기에서 찾아 써 보세요.

 보기   선무당, 가죽, 거미줄, 사공, 사촌

1) [　　　　　　] 이 많으면 배가 산으로 간다

2) 호랑이는 죽어서 [　　　　　　] 을 남기고, 사람은 죽어서 이름을 남긴다

3) 산 입에 [　　　　　　] 치랴

4) [　　　　　　] 이 사람 잡는다

5) [　　　　　　] 이 땅을 사면 배가 아프다

2. 다음 뜻을 가진 단어를 보기에서 찾아 써 보세요.

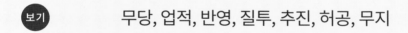

보기   무당, 업적, 반영, 질투, 추진, 허공, 무지

1) 어떤 일에서 세운 공적 ➡

2) 다른 사람이 잘되는 것을 공연히 미워함 ➡

3) 다른 것에 영향을 받아 이를 적용함 ➡

4) 귀신을 섬겨 미래를 점치고 굿하는 것을 직업으로 하는 사람 ➡

5) 아는 것이 없음 ➡

6) 텅 빈 공중 ➡

7) 목표를 향하여 밀고 나아감 ➡

3. 다음 속담을 보고 그 뜻으로 알맞은 것을 골라 선으로 연결하세요.

**선무당이
사람 잡는다** ○

산 입에 거미줄 치랴 ○

**호랑이는 죽어서
가죽을 남기고
사람은 죽어서
이름을 남긴다** ○

**사공이 많으면
배가 산으로 간다** ○

**사촌이 땅을 사면
배가 아프다** ○

○ 가까운 사람이 잘되면
부러워서 질투하게 된다

○ 서투른 사람이 문제를
더 심각하게 만든다

○ 사람의 몸은 죽고 없어져도
살아 있을 때 했던 일이나
업적은 이름과 함께
오래도록 남는다

○ 참견하는 사람이 많으면
일이 엉뚱하게 흘러간다

○ 사람은 어떻게든
먹고 살게 된다

4. 다음 속담과 그 뜻을 읽고 이에 대한 여러분의 생각을 글로 써 보세요.

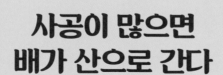

사공이 많으면
배가 산으로 간다

참견하는 사람이 많으면 일이 엉뚱하게 흘러간다

5주차

언 발에 오줌 누기

어휘력 꽉잡아

속담에서 보이는 뜻을 생각해 보세요.

언 발은
얼어있는 발을 뜻합니다.

오줌은 우리 몸의 노폐물이
배출되는 액체입니다.

보이는
뜻

'얼어있는 발에 오줌을 누는 행동' **입니다.**

추론력 꽉잡아

속담 속에 숨은 뜻을 생각해 보세요.

언 발은
어떤 문제를 뜻합니다.

오줌 누기는 문제를
더 심각하게 만드는 방책을 뜻합니다.

숨은
뜻

입니다.

속담 꽉잡아 속담에 대해 자세히 알아봅시다.

한겨울에 실외*에 오래 있으면 발이 꽁꽁 얼어붙습니다. 이럴 때 발에 오줌을 누면 어떻게 될까요? 오줌은 우리 체온과 같은 36.5도라서 누는 순간에는 따뜻할 겁니다. 하지만 금세 온도가 떨어져 차가워지기 때문에 원래보다 더 추워질 겁니다. 그래서 언 발에 오줌 누기는 금방은 도움이 되는 듯하지만 문제를 더 심각하게 만드는 방책을 뜻합니다.

★ 실외: 방이나 건물 따위의 밖

활용력 꽉잡아 속담을 사용할 수 있는 다양한 상황을 생각해 보세요.

1. 들킬 수밖에 없는 거짓말을 덮으려 계속 거짓말할 때
----

2. 부족한 돈을 채우려 부모님 돈을 몰래 가져갈 때

3.

4.

배경지식 꽉잡아 관련된 외국 속담을 알아봅시다.

이란에는 꿀 속으로 들어간 파리는 나오는 게 문제다라는 속담이 있습니다. 꿀이 있다면 파리는 꿀을 먹기 위해 깊이 생각하지 않고 꿀 속으로 들어갈 겁니다. 하지만 꿀 속에 들어간 파리는 꿀에 엉겨붙어★ 살아서 나올 수가 없습니다. 그래서 이 속담은 이익을 얻다 보면 생기는 피할 수 없는 문제를 조심해야 한다는 뜻입니다.

★ 엉겨붙다: 한데 뭉쳐 굳어지면서 서로 붙다

창의력 꽉잡아 속담을 조금 바꿔 나만의 속담을 만들어 보세요.

예시 언 발에 족욕하기

뜻 문제를 해결할 수 있는 좋은 방법

나만의 속담

뜻

열 길 물속은 알아도
한 길 사람 속은 모른다

어휘력 꽉잡아 속담에서 보이는 뜻을 생각해 보세요.

길은 사람의 키 정도 되는 길이입니다.

속은 안을 뜻합니다.

 보이는 뜻

'사람 키의 10배쯤 되는 깊은 물 안은 알아도
한 길 되는 사람 안은 모른다' **입니다.**

 추론력 꽉잡아 속담 속에 숨은 뜻을 생각해 보세요.

사람 속은 사람의 진짜 속마음을 뜻합니다.

모른다는 알 수 없다는 뜻입니다.

숨은 뜻

입니다.

129

속담 꽉잡아 속담에 대해 자세히 알아봅시다.

열 길 물속은 사람의 키보다 10배 정도 되는 매우 깊은 물속을 뜻합니다. 이처럼 깊은 물속이지만 여러 도구와 기술★을 이용하면 그 깊이를 정확히 알 수 있습니다. 하지만 사람의 속마음은 도무지 정확히 알 수 없습니다. 그래서 열 길 물속은 알아도 한 길 사람 속은 모른다는 사람의 진짜 속마음은 알 수 없다는 뜻입니다. 믿었던 누군가에게 배신을 당했을 때나 다른 사람을 너무 믿지 말라는 조언의 의미로 많이 사용됩니다.

★ 기술: 과학 이론을 적용하여 인간 생활에 유용하게 사용하는 수단

활용력 꽉잡아 속담을 사용할 수 있는 다양한 상황을 생각해 보세요.

1. 최고로 친한 친구가 내 욕을 하고 다닐 때
----

2. 친구가 도와줄 거라고 믿고 기다리다 실망할 때

3.

4.

배경지식 꽉잡아 관련된 외국 속담을 알아봅시다.

친구에게 속는 것보다 의심하는 것이 더 수치스럽다는 프랑스 속담으로, 진정한 친구라면 의심해서는 안 된다는 의미입니다. 친구 관계는 믿음을 바탕으로 이루어집니다. 친구를 자꾸 의심한다면 여러분이 좋은 친구를 사귈 자질이 부족하다는 뜻이 됩니다. 의심해야만 하는 충분한 이유와 증거가 없다면 친구를 믿고 신뢰★해야 합니다.

★ 신뢰: 굳게 믿고 의지함

창의력 꽉잡아 속담을 조금 바꿔 나만의 속담을 만들어 보세요.

예시   아빠 속은 알아도 엄마 속은 모른다.

뜻   아빠의 마음은 알겠는데 엄마의 마음은 잘 모르겠다.

나만의 속담

뜻

웃는 낯에 침 뱉으랴

속담에서 보이는 뜻을 생각해 보세요.

낯은 눈, 코, 입이 있는
얼굴의 바닥을 **뜻합니다.**

뱉으라는
뱉겠느냐는 뜻입니다.

 보이는
뜻

'웃는 얼굴에 침을 뱉겠느냐?' 입니다.

추론력
꽉잡아

속담 속에 숨은 뜻을 생각해 보세요.

웃는 낯은
좋은 태도로 임하는 사람을 **뜻합니다.**

침 뱉으라는
나쁘게 대하지 않는다는 **뜻입니다.**

숨은
뜻

입니다.

속담에 대해 자세히 알아봅시다.

웃는 낯에 침 뱉으랴는 좋은 태도로 임하는 사람을 나쁘게 대하지 않는다는 뜻입니다. 사람의 감정은 상대방의 태도에 많은 영향을 받습니다. 피해를 끼치고도 뻔뻔하게 행동하는 사람을 보면 우리는 더 화가 납니다. 반면 정중하게★ 사과하는 사람에게는 좀 더 쉽게 화가 풀립니다. 웃는 표정을 자주 하면 많은 일들이 훨씬 쉽게 풀릴 것입니다.

★ 정중하다: 태도나 분위기가 점잖고 엄숙하다

활용력 꽉잡아

속담을 사용할 수 있는 다양한 상황을 생각해 보세요.

1. 친구에게 실수를 해서 사과하려고 할 때
----

2. 잘못한 일이 있어 선생님께 꾸중을 들어야 할 때

3.

4.

배경지식
꽉잡아

관련된 외국 속담을 알아봅시다.

일본에는 강한 남자는 걱정 대신에 미소를 짓는다는 속담이 있습니다. 이는 문제를 해결하기 위해서는 여유로운 마음가짐*이 필요하다는 의미입니다. 살다 보면 걱정되는 일들이 생길 때가 있습니다. 이럴 때 걱정을 한다고 해서 아무런 도움이 되지 않습니다. 걱정이 있을 때는 오히려 미소를 지어 보세요. 힘이 나서 문제를 해결하는 데 도움이 될 겁니다.

★ 마음가짐: 마음의 자세

 창의력
꽉잡아

속담을 조금 바꿔 나만의 속담을 만들어 보세요.

예시 | 우는 | 낮에 | 비웃으랴.

뜻   슬퍼하는 사람을 비웃지는 않을 것이다.
- -

나만의 속담

뜻
- -

원수는 외나무
다리에서 만난다

어휘력 꽉잡아 속담에서 보이는 뜻을 생각해 보세요.

원수는 해를 끼쳐
매우 미워하는 사람을 뜻합니다.

외나무다리는
한 개의 통나무로 놓은 다리입니다.

 보이는 뜻

'해를 끼쳐 매우 미워하는 사람은
한 개의 통나무 다리에서 만난다' **입니다.**

 추론력 꽉잡아 속담 속에 숨은 뜻을 생각해 보세요.

원수는 사이가 좋지 않은 사람을 뜻합니다.

외나무다리는 피할 수 없는 곳을 뜻합니다.

숨은 뜻

입니다.

**속담
꽉잡아** 속담에 대해 자세히 알아봅시다.

원수는 외나무다리에서 만난다는 사이가 좋지 않은 사람은 피할 수 없는 곳에서 만나게 된다는 뜻입니다. 서로 잡아먹지 못해 안달인 두 사람이 외나무다리에서 만나는 장면을 상상해 보세요. 다른 사람이라면 서로 양보할 텐데 원수다 보니 그럴 수 없어 매우 곤란할 것입니다. 서로 싸우다 둘 다 물에 빠질 수 있죠. 그래서 이 속담은 평소에 적을 만들지 말라는 교훈★을 줍니다.

★ 교훈: 앞으로의 행동이나 생활에 지침이 될 만한 가르침

**활용력
꽉잡아** 속담을 사용할 수 있는 다양한 상황을 생각해 보세요.

1. 지난 시합에서 나에게 반칙한 선수를 결승전에서 만났을 때
----

2. 동생을 괴롭히던 아이를 길에서 딱 마주쳤을 때

3.

4.

배경지식 꽉잡아 관련된 외국 속담을 알아봅시다.

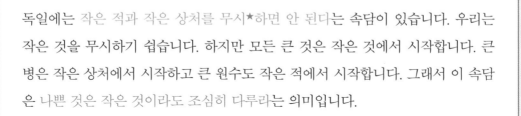

독일에는 작은 적과 작은 상처를 무시★하면 안 된다는 속담이 있습니다. 우리는 작은 것을 무시하기 쉽습니다. 하지만 모든 큰 것은 작은 것에서 시작합니다. 큰 병은 작은 상처에서 시작하고 큰 원수도 작은 적에서 시작합니다. 그래서 이 속담은 나쁜 것은 작은 것이라도 조심히 다루라는 의미입니다.

★ 무시: 사물의 존재 의의나 가치를 알아주지 않음

창의력 꽉잡아 속담을 조금 바꿔 나만의 속담을 만들어 보세요.

예시 | 좋아하는 아이 | 는 | 화장실 앞 | 에서 만난다.

뜻 잘 보이고 싶은 사람을 하필 민망한 장소에서 마주친다.

나만의 속담

뜻

몸에 좋은 약은 입에 쓰다

어휘력 꽉잡아 속담에서 보이는 뜻을 생각해 보세요.

몸에 좋은 약은
건강에 도움이 되는 약을 **뜻합니다.**

입에 쓰다는
쓴맛이 난다는 뜻입니다.

보이는
뜻

'**건강에 도움이 되는 약은 쓴맛이 난다**' **입니다.**

 추론력 꽉잡아 속담 속에 숨은 뜻을 생각해 보세요.

몸에 좋은 약은 도움이 되는 것을 **뜻합니다.**

입에 쓰다는 유쾌하지 않다는 뜻입니다.

숨은
뜻

입니다.

속담 꽉잡아 속담에 대해 자세히 알아봅시다.

몸에 좋은 약은 입에 쓰다는 도움이 되는 것은 유쾌★하지 않다는 뜻입니다. 여러 분이 좋아하는 사탕, 초콜릿, 게임은 우리의 몸과 마음을 병들게 합니다. 반면 많은 아이들이 싫어하는 야채, 공부, 운동은 우리의 몸과 마음을 건강하게 합니다. 지금 당장 좋은 것이 아니라 시간이 지난 후에 도움이 되는 것을 고를 수 있어야 합니다.

★ 유쾌: 즐겁고 상쾌함

 활용력 꽉잡아 속담을 사용할 수 있는 다양한 상황을 생각해 보세요.

1. 야채를 먹기 싫어하는 친구에게
----

2. 주사가 무서워 우는 동생에게

3.

4.

배경지식 꽉잡아 관련된 외국 속담을 알아봅시다.

고통★이 없으면 얻는 것도 없다는 호주 속담은 노력 없이 얻을 수 있는 것은 없다는 의미입니다. 이 세상에 공짜는 없습니다. 무엇이든 그것을 얻으려면 반드시 노력해야 합니다. 1등이 되려면 열심히 공부해야 하고 돈을 벌려면 성실하게 일을 해야 합니다. 고통은 나쁜 것이 아니라 내가 더 나은 사람이 되기 위해 반드시 필요한 것입니다.

★ 고통: 몸이나 마음이 괴롭고 아픔

 창의력 꽉잡아 속담을 조금 바꿔 나만의 속담을 만들어 보세요.

예시 몸에 ┃ 나쁜 음식 ┃ 은 입에 ┃ 달다.

뜻 맛있는 음식을 너무 좋아하면 병에 걸리기 쉽다.
- -

나만의 속담

뜻
- -

5주 차 복습

1. 다음 빈칸에 들어갈 말을 보기에서 찾아 써 보세요.

보기　　　　　　　　침, 길, 약, 외나무다리, 오줌

1) 언 발에 [　　　　　　] 누기

2) 웃는 낯에 [　　　　　　] 뱉으랴

3) 원수는 [　　　　　　] 에서 만난다

4) 열 [　　　] 물속은 알아도 한 [　　　] 사람 속은 모른다

5) 몸에 좋은 [　　　　　　] 은 입에 쓰다

2. 다음 뜻을 가진 단어를 보기에서 찾아 써 보세요.

보기   신뢰, 교훈, 기술, 마음가짐, 실외, 고통, 무시

1) 굳게 믿고 의지함 ➡

2) 마음의 자세 ➡

3) 과학 이론을 적용하여 인간 생활에 유용하게 사용하는 수단 ➡

4) 앞으로의 행동이나 생활에 지침이 될 만한 가르침 ➡

5) 사물의 존재 의의나 가치를 알아주지 않음 ➡

6) 방이나 건물 따위의 밖 ➡

7) 몸이나 마음이 괴롭고 아픔 ➡

3. 다음 속담을 보고 그 뜻으로 알맞은 것을 골라 선으로 연결하세요.

O   O   O   O   O   O   O   O   O   O   O   O   O

**열 길 물속은 알아도
한 길 사람 속은
모른다**   ●

●   좋은 태도로 임하는 사람을
나쁘게 대하지 않는다

언 발에 오줌 누기   ●

●   사이가 좋지 않은 사람은
피할 수 없는 곳에서
만나게 된다

**몸에 좋은 약은
입에 쓰다**   ●

●   사람의 진짜 속마음은
알 수 없다

**원수는
외나무다리에서
만난다**   ●

●   금방은 도움되는 듯하지만
문제를 더 심각하게
만드는 방책

웃는 낯에 침 뱉으랴   ●

●   도움이 되는 것은
유쾌하지 않다

4. 다음 속담과 그 뜻을 읽고 이에 대한 여러분의 생각을 글로 써 보세요.

몸에 좋은 약은 입에 쓰다

도움이 되는 것은 유쾌하지 않다

6주차

털어서 먼지 안 나는 사람 없다

어휘력 꽉잡아 속담에서 보이는 뜻을 생각해 보세요.

털어서는 붙어 있는 것이 떨어지게
흔들고 쳐서라는 뜻입니다.

먼지 안 나는 사람은
먼지가 안 날리는 사람을 뜻합니다.

 보이는
뜻

'흔들고 쳐서 먼지가 안 날리는 사람은 없다' **입니다.**

 추론력 꽉잡아 속담 속에 숨은 뜻을 생각해 보세요.

털어서는
샅샅이 살펴보면이라는 뜻입니다.

먼지 안 나는 사람은
잘못 없는 사람을 뜻합니다.

숨은
뜻

　　　　　　　　　　　　　　　　　　　　입니다.

속담 꽉잡아   속담에 대해 자세히 알아봅시다.

털어서 먼지 안 나는 사람 없다는 샅샅이 살펴보면 잘못 없는 사람은 없다는 뜻입니다. 세상에 완전무결★한 사람은 없습니다. 아무리 훌륭한 사람이라고 해도 작은 잘못은 있기 마련입니다. 그러니 큰 잘못이 아니면 용서해 주라는 의미지요. 주로 잘못한 누군가를 도와주려 할 때 사용하지만 자기 잘못을 들켰을 때 변명하기 위해서도 많이 사용합니다.

★ 완전무결: 아무런 결점이 없음

활용력 꽉잡아   속담을 사용할 수 있는 다양한 상황을 생각해 보세요.

1. 엄마가 아빠의 작은 잘못을 너무 혼낼 때
----

2. 작은 거짓말을 들켰을 때

3.

4.

배경지식 꽉잡아 관련된 외국 속담을 알아봅시다.

중국 속담 잘못을 덮는★ 사람은 더 많은 잘못을 하게 된다는 잘못을 했을 때 숨기면 계속해서 잘못된 행동을 하게 된다는 의미입니다. 사람은 누구나 잘못을 합니다. 그런데 어떤 사람은 똑같은 잘못을 계속해서 반복하고 어떤 사람은 잘못을 고쳐서 더 나은 사람이 됩니다. 더 나은 사람이 되기 위해서는 자신의 잘못을 모른 척 덮어서는 안 됩니다.

★ 덮다: 어떤 사실이 드러나지 않도록 숨기다

 창의력 꽉잡아 속담을 조금 바꿔 나만의 속담을 만들어 보세요.

예시   믿어 주면   안 크는   사람 없다.

뜻   누구나 믿어 주면 더 훌륭한 사람이 될 수 있다.

나만의 속담

뜩

피는 물보다 진하다

어휘력 꽉잡아 속담에서 보이는 뜻을 생각해 보세요.

물보다는 물과 비교할 때 더욱을 뜻합니다.

진하다는 액체의 농도가 짙다는 뜻입니다.

 보이는 뜻

'피는 물과 비교할 때 액체의 농도가 더 짙다' **입니다.**

 추론력 꽉잡아 속담 속에 숨은 뜻을 생각해 보세요.

피는 물보다는 다른 사람보다 가족끼리라는 뜻입니다.

진하다는 정이 더 깊다는 뜻입니다.

숨은 뜻

입니다.

속담에 대해 자세히 알아봅시다.

피는 물보다 진하다는 다른 사람보다 가족끼리의 정이 더 깊다는 뜻입니다. 가족은 피를 나눈 혈육★으로 그 누구보다 가까운 사람입니다. 함께 살기에 다투고 부딪힐 일도 많지만 그럼에도 불구하고 절대 떠날 수 없는 관계죠. 어떤 문제가 있거나 어려움이 있을 때 끝까지 도와줄 사람은 결국 가족밖에 없습니다.

★ 조상으로부터 같은 피를 이어받은 사람

활용력
꽉잡아 속담을 사용할 수 있는 다양한 상황을 생각해 보세요.

1. 이웃집과 가족끼리 윷놀이 시합을 할 때
----

2. 다른 아이와 다투는 동생을 편들 때

3.

4.

배경지식 꽉잡아 관련된 외국 속담을 알아봅시다.

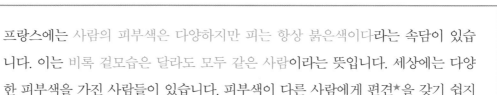

프랑스에는 사람의 피부색은 다양하지만 피는 항상 붉은색이다라는 속담이 있습니다. 이는 비록 겉모습은 달라도 모두 같은 사람이라는 뜻입니다. 세상에는 다양한 피부색을 가진 사람들이 있습니다. 피부색이 다른 사람에게 편견★을 갖기 쉽지만 피부는 껍질에 불과합니다. 그 속에 든 것은 모두 같은 사람임을 잊지 말아야 하겠습니다.

★ 편견: 공정하지 못하고 한쪽으로 치우친 생각

창의력 꽉잡아 속담을 조금 바꿔 나만의 속담을 만들어 보세요.

예시 | 밥 | 은 | 빵 | 보다 진하다.

뜻   **밥을 먹어야 배가 든든하다.**

나만의 속담

뜻

하늘이 무너져도 솟아날 구멍이 있다

속담에서 보이는 뜻을 생각해 보세요.

무너져도는 쌓여있는 것이
허물어져 내려앉아도라는 뜻입니다.

솟아날은
안에서 밖으로 나올이라는 뜻입니다.

보이는 뜻

'하늘이 내려앉아도 밖으로 나올 구멍은 있다' 입니다.

추론력 꽉잡아

속담 속에 숨은 뜻을 생각해 보세요.

하늘이 무너져도는 아무리 어려운
상황에 처해도라는 뜻입니다.

솟아날 구멍이 있다는
해결할 방법은 있다는 뜻입니다.

숨은 뜻

입니다.

속담 꽉잡아 속담에 대해 자세히 알아봅시다.

하늘이 무너져도 솟아날 구멍이 있다는 아무리 어려운 상황에 처해도 해결할 방법은 있다는 뜻입니다. 살다 보면 온갖 어려운 일이 벌어집니다. 이럴 때는 용기를 갖고 문제를 해결하려 노력해야 합니다. 지레★ 겁을 먹고 포기하지만 않는다면 반드시 해결할 방법을 찾을 수 있을 겁니다.

★ 지레: 어떤 일이 일어나기 전에

활용력 꽉잡아 속담을 사용할 수 있는 다양한 상황을 생각해 보세요.

1. 운동 경기에서 이길 수 있는 방법이 없어 보일 때

----

2. 복잡한 문제가 생겨 포기하고 싶을 때

3.

4.

배경지식 꽉잡아 관련된 외국 속담을 알아봅시다.

사우디아라비아에는 기적★을 믿으며 위험한 곳에 있지 마라는 속담이 있습니다. 이는 위험은 스스로 피해야 한다는 의미입니다. 자신의 안전은 자신이 챙겨야 합니다. 하늘이 무너져도 솟아날 구멍이 있다고는 하지만 기적을 바라기 전에 위험을 피하는 것이 우선입니다. 괜찮을 거라며 위험한 행동을 하는 사람은 어리석은 사람입니다.

★ 기적: 상식으로는 생각할 수 없는 기이한 일

 창의력 꽉잡아 속담을 조금 바꿔 나만의 속담을 만들어 보세요.

예시   하늘이 | 무너지면 | | 물속으로 들어가라. |

뜻   무슨 일이 있으면 다른 방법을 찾아봐야 한다.
- -

나만의 속담

뜻
- -

형만 한 아우 없다

속담에서 보이는 뜻을 생각해 보세요.

형만 한은 형 정도 되는이라는 뜻입니다.

아우는 동생을 뜻합니다.

보이는
뜻

'형 정도 되는 동생은 없다' 입니다.

추론력
꽉잡아

속담 속에 숨은 뜻을 생각해 보세요.

형만 한은 형만큼 능력 있는이라는 뜻입니다.

아우 없다는 동생은 있지 않다는 뜻입니다.

숨은
뜻

입니다.

속담 꽉잡아 속담에 대해 자세히 알아봅시다.

형만 한 아우 없다는 형만큼 능력 있는 동생은 없다는 뜻입니다. 왜 그럴까요? 능력을 키우기 위해서는 많은 경험★이 필요합니다. 뭐든지 많이 해봐야 잘할 수 있기 때문입니다. 그래서 1~2년이라도 더 살아온 형이 아우보다 재주가 많은 것은 어찌보면 자연스럽습니다. 이 속담은 그 외에도 형이 동생을 잘 챙기고 아껴 줄 때도 사용할 수 있습니다.

★ 경험: 실제로 해 보거나 겪어 봄

활용력 꽉잡아 속담을 사용할 수 있는 다양한 상황을 생각해 보세요.

1. 시합할 때마다 매번 형이 동생을 이길 때
----

2. 형이 동생을 잘 돌볼 때

3.

4.

배경지식
꽉잡아

관련된 외국 속담을 알아봅시다.

나이지리아에는 불은 형제가 없다는 속담이 있습니다. 불은 자기 자신을 제외하고
모든 것을 태워 버립니다. 그래서 불과 함께 있으면 아무것도 남지 않습니다. 그러
므로 이 속담은 불처럼 남에게 피해를 입히고 모든 것을 파괴★하는 나쁜 사람은
친구가 없다는 뜻입니다.

★ 파괴: 때려 부수거나 깨뜨려 헐어 버림

 창의력
꽉잡아

속담을 조금 바꿔 나만의 속담을 만들어 보세요.

예시 | 엄마 | 만 한 | 사람 | 없다.

뜻   엄마만큼 나를 사랑하는 사람은 없다.

나만의 속담

뜻

혹 떼러 갔다
혹 붙여 온다

속담에서 보이는 뜻을 생각해 보세요.

혹은 병적으로 불거져 나온
살덩어리를 뜻합니다.

떼려다는 붙어 있는 것을
떨어지게 하려다라는 뜻입니다.

보이는
뜻

'붙어 있는 혹을 떨어지게 하려고 갔다가
혹을 붙여서 온다' **입니다.**

추론력
꽉잡아

속담 속에 숨은 뜻을 생각해 보세요.

혹 떼러 갔다는
문제를 해결하려다라는 뜻입니다.

혹 붙여 온다는
다른 문제를 하나 더 만든다는 뜻입니다.

숨은
뜻

입니다.

속담 꽉잡아 속담에 대해 자세히 알아봅시다.

혹 떼러 갔다 혹 붙여 온다는 속담은 혹부리 영감이라는 이야기에서 나왔습니다. 혹부리 영감은 도깨비에게 자신의 노래 비결★이 혹이라고 거짓말을 합니다. 하지만 같은 거짓말에 한 번 속았던 도깨비는 오히려 혹을 하나 더 붙여 줍니다. 혹을 떼려다가 혹을 하나 더 얻게 된 겁니다. 그래서 이 속담은 문제를 해결하려다 오히려 다른 문제를 하나 더 만든다는 뜻입니다.

★ 비결: 세상에 알려져 있지 않은 자기만의 뛰어난 방법

활용력 꽉잡아 속담을 사용할 수 있는 다양한 상황을 생각해 보세요.

1. 숙제를 줄여 달라고 하다가 오히려 숙제가 늘었을 때
----

2. 용돈 더 달라고 조르다가 벌써 돈 다 썼다고 혼만 날 때

3.

4.

배경지식 꽉잡아 관련된 외국 속담을 알아봅시다.

이웃의 문제로 식욕★이 떨어지지는 않는다는 짐바브웨 속담이 있습니다. 사람은 심각한 문제가 생기면 입맛이 없어집니다. 하지만 이는 오직 자기 문제일 때만 그렇습니다. 다른 사람은 함께 걱정해 준다 해도 식욕을 잃을 정도로 하지는 않습니다. 그래서 이 속담은 진심으로 문제를 걱정하는 사람은 자기 자신뿐이다라는 의미입니다.

★ 식욕: 음식을 먹고 싶어 하는 욕망

 창의력 꽉잡아 속담을 조금 바꿔 나만의 속담을 만들어 보세요.

예시 혹 떼러 가면 어떻게든 떼야 한다.

뜻 목표를 세웠으면 어떻게든 이루어야 한다.

나만의 속담

뜻

6주 차 복습

1. 다음 빈칸에 들어갈 말을 보기에서 찾아 써 보세요.

보기 구멍, 혹, 아우, 먼지, 피

1) [   ]는 물보다 진하다

2) 형만 한 [   ] 없다

3) 하늘이 무너져도 솟아날 [   ]이 있다.

4) [   ] 떼러 갔다 [   ] 붙여 온다

5) 털어서 [   ] 안 나는 사람 없다

2. 다음 뜻을 가진 단어를 보기에서 찾아 써 보세요.

보기　　　혈육, 완전무결, 편견, 식욕, 기적, 지레, 파괴

1) 아무런 결점이 없음 ➡

2) 상식으로는 생각할 수 없는 기이한 일 ➡

3) 음식을 먹고 싶어 하는 욕망 ➡

4) 공정하지 못하고 한쪽으로 치우친 생각 ➡

5) 어떤 일이 일어나기 전에 ➡

6) 때려 부수거나 깨뜨려 헐어 버림 ➡

7) 조상으로부터 같은 피를 이어받은 사람 ➡

3. 다음 속담을 보고 그 뜻으로 알맞은 것을 골라 선으로 연결하세요.

○ ○ ○ ○ ○ ○ ○ ○ ○ ○ ○ ○ ○

**혹 떼러 갔다
혹 붙여 온다** ●

● 살살이 살펴보면
잘못 없는 사람은 없다

피는 물보다 진하다 ●

● 아무리 어려운 상황에 처해도
해결할 방법은 있다

**털어서 먼지
안 나는 사람 없다** ●

● 문제를 해결하려다 오히려
다른 문제를 하나 더 만든다

형만 한 아우 없다 ●

● 형만큼 능력 있는
동생은 없다

**하늘이 무너져도
솟아날 구멍이 있다** ●

● 다른 사람보다 가족끼리의
정이 더 깊다

4. 다음 속담과 그 뜻을 읽고 이에 대한 여러분의 생각을 글로 써 보세요.

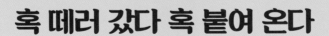

혹 떼러 갔다 혹 붙여 온다

문제를 해결하려다 오히려

다른 문제를 하나 더 만든다

정답

1주차 복습

1. 다음 빈칸에 들어갈 말을 보기에서 찾아 써 보세요.

1) 이웃
2) 쓸개
3) 부스럼
4) 잔치
5) 도둑

2. 다음 뜻을 가진 단어를 보기에서 찾아 써 보세요.

1) 언급
2) 악화
3) 혈연
4) 참견
5) 간사하다
6) 죄책감
7) 악영향

3. 다음 속담을 보고 그 뜻으로 알맞은 것을 골라 선으로 연결하세요.

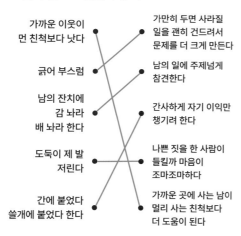

2주차 복습

1. 다음 빈칸에 들어갈 말을 보기에서 찾아 써 보세요.

1) 도토리
2) 김칫국
3) 뛰는 놈
4) 매
5) 우물

2. 다음 뜻을 가진 단어를 보기에서 찾아 써 보세요.

1) 겸손
2) 먹이
3) 복지
4) 무두질
5) 무한
6) 비굴
7) 화술

3. 다음 속담을 보고 그 뜻으로 알맞은 것을 골라 선으로 연결하세요.

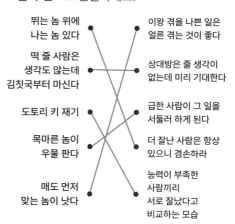

1. 다음 빈칸에 들어갈 말을 보기에서 찾아
   써 보세요.

1) 배꼽   2) 떡
3) 고개   4) 발등
5) 방귀

2. 다음 뜻을 가진 단어를 보기에서 찾아
   써 보세요.

1) 약점   2) 비위생적
3) 태아   4) 막연히
5) 실례   6) 맺다
7) 습성

3. 다음 속담을 보고 그 뜻으로 알맞은 것을
   골라 선으로 연결하세요.

믿는 도끼에   주된 것보다 딸린 것이
발등 찍힌다   더 크거나 많다

배보다   믿고 있던 사람에게
배꼽이 더 크다   배신당한다

미운 놈   잘못한 사람이 오히려
떡 하나 더 준다   남에게 화를 낸다

벼는 익을수록   실력이 뛰어나거나
고개를 숙인다   훌륭한 사람일수록
                     겸손하다

방귀 뀐 놈이   관계를 회복하기 위해
성낸다   미워하는 사람에게
                     더 잘해 준다

1. 다음 빈칸에 들어갈 말을 보기에서 찾아
   써 보세요.

1) 사공   2) 가죽
3) 거미줄   4) 선무당
5) 사촌

2. 다음 뜻을 가진 단어를 보기에서 찾아
   써 보세요.

1) 업적   2) 질투
3) 반영   4) 무당
5) 무지   6) 허공
7) 추진

3. 다음 속담을 보고 그 뜻으로 알맞은 것을
   골라 선으로 연결하세요.

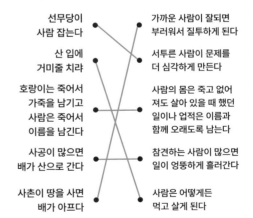

선무당이   가까운 사람이 잘되면
사람 잡는다   부러워서 질투하게 된다

산 입에   서투른 사람이 문제를
거미줄 치랴   더 심각하게 만든다

호랑이는 죽어서   사람의 몸은 죽고 없어
가죽을 남기고   져도 살아 있을 때 했던
사람은 죽어서   일이나 업적은 이름과
이름을 남긴다   함께 오래도록 남는다

사공이 많으면   참견하는 사람이 많으면
배가 산으로 간다   일이 엉뚱하게 흘러간다

사촌이 땅을 사면   사람은 어떻게든
배가 아프다   먹고 살게 된다

1. 다음 빈칸에 들어갈 말을 보기에서 찾아
   써 보세요.

   1) 오줌   2) 침
   3) 외나무다리   4) 길 / 길
   5) 약

2. 다음 뜻을 가진 단어를 보기에서 찾아
   써 보세요.

   1) 신뢰   2) 마음가짐
   3) 기술   4) 교훈
   5) 무시   6) 실외
   7) 고통

3. 다음 속담을 보고 그 뜻으로 알맞은 것을
   골라 선으로 연결하세요.

열 길 물속은 알아도   좋은 태도로 임하는
한 길 사람 속은   사람을 나쁘게
모른다   대하지 않는다

                           사이가 좋지 않은 사람은
언 발에 오줌 누기   피할 수 없는 곳에서
                           만나게 된다

몸에 좋은 약은   사람의 진짜 속마음은
입에 쓰다   알 수 없다

                           금방은 도움되는
원수는 외나무   듯하지만 문제를 더
다리에서 만난다   심각하게
                          만드는 방책

웃는 낯에   도움이 되는 것은
침 뱉으랴   유쾌하지 않다

1. 다음 빈칸에 들어갈 말을 보기에서 찾아
   써 보세요.

   1) 피   2) 아우
   3) 구멍   4) 혹 / 혹
   5) 먼지

2. 다음 뜻을 가진 단어를 보기에서 찾아
   써 보세요.

   1) 완전무결   2) 기적
   3) 식욕   4) 편견
   5) 지레   6) 파괴
   7) 혈육

3. 다음 속담을 보고 그 뜻으로 알맞은 것을
   골라 선으로 연결하세요.

혹 떼러 갔다   샅샅이 살펴보면
혹 붙여 온다   잘못 없는 사람은 없다

                          아무리 어려운 상황에
피는 물보다 진하다   처해도 해결할 방법은
                          있다

털어서 먼지   문제를 해결하려다
안 나는   오히려 다른 문제를
사람 없다   하나 더 만든다

                          형만큼 능력 있는
형만 한 아우 없다   동생은 없다

하늘이 무너져도   다른 사람보다
솟아날 구멍이 있다   가족끼리의 정이
                          더 깊다